ワンランク上に挑む！

実践！本気で学べる究極のジャズ理論

彦坂恭人 編著

自由現代社

ワンランク上に挑む！
実践！本気で学べる究極のジャズ理論

第1章 基礎知識編

➡ **STEP1　ダイアトニック・コード（Diatonic Chords）** ………………………… 6
　ダイアトニック・コード …………………………………………………………… 6

➡ **STEP2　サイクル・オブ・5th（Cycle of 5th）** ………………………………… 7
　サイクル・オブ・5htとは？ ……………………………………………………… 7
　倍音列とサイクル・オブ・5thの関係 …………………………………………… 7
　差音 ………………………………………………………………………………… 8

➡ **STEP3　IIm7 − V7 − I ケーデンス（Cadence）** ……………………………… 9
　サイクル・オブ・5thを使ったケーデンス「IIm7 − V7 − I」 ………………… 9

➡ **STEP4　セカンダリー・ドミナント（Secondary Dominant）** ……………… 10
　ファンクション（Function/ 和音の機能） …………………………………… 10
　セカンダリー・ドミナント ……………………………………………………… 11
　セカンダリー・ドミナントの度数表記（ディグリー） ……………………… 12
　リレーテッドIIm7（Related IIm7） …………………………………………… 13

➡ **STEP5　マイナー・ハーモニー（Minor Harmony）** ………………………… 14
　平行調と同主調 …………………………………………………………………… 14
　ナチュラル・マイナー・スケール（Natural Minor Scale、自然短音階） … 15
　ハーモニック・マイナー・スケール（Harmonic Minor Scale、和声的短音階） … 16

第2章 発展編

➡ **STEP1　サブドミナント・マイナー（Subdominant Minor）** ……………… 20
　サブドミナント・マイナー ……………………………………………………… 20
　サブドミナント・マイナー・ケーデンス ……………………………………… 21

➡ **STEP2　アナライズ（分析）** …………………………………………………… 22
　分析の手順 ………………………………………………………………………… 23

➡ **STEP3　ディセプティブ・ケーデンス（Deceptive Cadence、偽終止）** … 25
　① I 以外の「トニック（Tonic）」コードへ進む ……………………………… 25
　②「トニック（Tonic）」以外の機能（Function）を持つコードへ進む …… 26

➡ **STEP4　トライトーン・サブスティチューション（Tritone Substitution）** … 27
　トライトーン・サブスティチューション（裏コード） ……………………… 27
　トライトーン・サブスティチューションを使った進行 ……………………… 29

➡ **STEP5　クリシェ** ………………………………………………………………… 30
　メジャー・クリシェ ……………………………………………………………… 30
　マイナー・クリシェ ……………………………………………………………… 31

➡ **STEP6　トニック・ディミニッシュ（Tonic Diminished）** ………………… 33
　ディミニッシュ・コードとは？ ………………………………………………… 33
　トニック・ディミニッシュ（Tonic Diminished） …………………………… 34
　トニック・ディミニッシュの応用 ……………………………………………… 35
　トニック・ディミニッシュ・ケーデンス（Tonic Diminished Cadence） … 38

➡ **STEP7　パッシング・ディミニッシュ（Passing Diminished）** …………… 41
　上行形のパッシング・ディミニッシュ ………………………………………… 41
　下行形のパッシング・ディミニッシュ ………………………………………… 42
　パッシング・ディミニッシュを使った曲 ……………………………………… 43

➡ **STEP8　ブルース（Blues）** …………………………………………………… 44
　Blue（ブルー）とは？ …………………………………………………………… 44
　ブルース形式 ……………………………………………………………………… 45
　演奏の仕方について ……………………………………………………………… 46

ブルー・ノート・スケール	47
マイナー・ブルース	49

➡STEP9　モジュレーション（Modulation、転調） ... 51
　　移調（Transposition）と転調の違い ... 51
　　転調の見分け方 ... 51
　　実際の曲で転調しているのかを見極めよう ... 53
　　転調のテクニック ... 57

第3章　スケール、テンション編

➡STEP1　メロディック・マイナー（Melodic Minor） ... 62
　　スケール（Scale）とテンション（Tension）について ... 62
　　「2つのスケール」から派生するスケールたち ... 65

➡STEP2　アヴェイラブル・ノート・スケール（Available Note Scale） ... 69
　　アヴォイド・ノート（Avoid Note）とは？ ... 70
　　コード・スケールとテンションの実際（メジャー・スケール） ... 72
　　コード・スケールとテンションの実際（メロディック・マイナー・スケール） ... 75
　　コード・スケールとテンションのまとめ ... 78
　　アヴェイラブル・ノート・スケール（Available Note Scale）を割り出そう ... 80
　　セカンダリー・ドミナント（Secondary Dominant）のアヴェイラブル・ノート・スケール ... 83
　　例外的なアヴェイラブル・ノート・スケール ... 86
　　トライトーン・サブスティチューションのアヴェイラブル・ノート・スケール ... 88
　　サブドミナント・マイナー（Subdominant Minor）のアヴェイラブル・ノート・スケール ... 89
　　スケール分析、まとめ ... 90

➡STEP3　ジャズ・フレーズの作り方 ... 92
　　コード・トーンをフレーズに活かす ... 92
　　アヴェイラブル・ノート・スケールを使ってみる ... 94
　　ターゲッティングとディレイド・リゾルヴ（Targeting & Delayed Resolve） ... 95

➡STEP4　分数コード ... 100
　　分数コードの種類 ... 100
　　アッパー・ストラクチャー・トライアド（Upper Structure Triad） ... 101
　　ハイブリッド・コード（Hybrid Chord） ... 107
　　アッパー・ストラクチャー・トライアド（U.S.T.）の活用方法 ... 110

第4章　モーダル・ワールド編

➡STEP1　モードの種類 ... 114
　　モードについて ... 114
　　モーダル・ハーモニー（Modal Harmony） ... 115
　　モーダル・フレージング（Modal Phrasing） ... 120

➡STEP2　モーダル・インターチェンジ（Modal Interchange、移旋） ... 123
　　モーダル・インターチェンジとは？ ... 123
　　モーダル・インターチェンジの実用例 ... 123

第5章　番外編

➡STEP1　スペシャル・ファンクション・ドミナント（Special Function Dominant） ... 126
　　「V7」以外でドミナント機能を伴う「7thコード」 ... 126
　　ブルース7th ... 128
　　リハーモナイズ分析 ... 129

➡STEP2　ペンタトニック・スケール（Pentatonic Scale） ... 130
　　ペンタトニック・スケール ... 130

➡STEP3　ビ・バップ・スケール（Be-Bop Scale） ... 134
　　「ビ・バップ・メジャー・スケール」と「ビ・バップ・ドミナント・スケール」 ... 134
　　「6thディミニッシュ」について（6th Diminished） ... 136

　　例題の答え ... 142

はじめに

　音楽に限らず、どんな物事にも当てはまりますが「土台」はとても大切です。どんなに「斬新な技術」であっても、必ず「土台」となった先人たちの業績の上に成り立っています。本書を手に取られた方の中にはおそらく、

- 「コード」をある程度は知っているけれど、「ジャズ（Jazz）」って何か難しそう…
- 何冊か「ジャズの理論書」を読んだけれど、どれも途中で眠くなって挫折した
- 最近ジャム・セッションに参加しているけれど、「スケール」や「難しいコード」はよく分からないから適当に演奏している
- 一体、「ジャズ」のどこがカッコいいのか知りたい

…というような方も多いのではないでしょうか。

　本書はそんな方々の『土台作り』にはもちろんのこと、上級者の方にとっても必ず新たな発見がある内容になっていると思います。これを機会に『土台の手直し』をしてみてはいかがでしょうか？

　演奏が上手くなるには『ひたすら練習あるのみ』というのは間違いないことなのですが、「自分が一体何が分からないのか」を知らないと、ゴールの見えない『練習の為の練習』になってしまいます。そこで「理論（Theoly）」が必要になってきます。

　もちろん、「理論」が分かったからといってすぐに演奏が上達するわけではありませんが、偉大な先人たちが「なぜ、そういう音を選んで出したのか」、「なぜ、人生をかけてまでジャズの虜になってしまったのか」という大きな「謎」を解く「ヒントや考え方」が本書の随所に隠されています。
　最終的に、本書の内容が理解出来れば、「ジャズ」の聴き方が変わり、「耳」が拓けてきます。そして、より現代的な技法を学ぶための「パスポート」が得られるはずです。

　さあ、あなたも早速、「果てしないジャズの世界への扉」を開いてみましょう！

彦坂　恭人（Yasuto Hikosaka）

▶第1章
基礎知識編

Practice! Ultimate jazz theory to learn in earnest

STEP 1 ダイアトニック・コード (Diatonic Chords)

ダイアトニック・コード

　この本はコードやスケールに関しての「基礎的な知識」が身に付いている方を対象に書いていきますが、念の為、基礎的な内容を振り返っておきます。間違って覚えてしまっている部分があったり、意外に新たな発見があったりするかもしれません。

　【譜例1】は、Cメジャー・スケールの音から作ることのできる「4和音」です。これらを「**ダイアトニック・コード**」と呼びます。

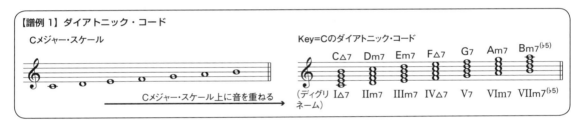

【図1】ダイアトニック・コード、各コードの種類
- メジャー・セブンス ……………………………… I、IV（2つ）
- マイナー・セブンス ……………………………… II/III/VI（3つ）
- マイナー・セブンス・フラットファイブ …… VII（1つ）
- ドミナント・セブンス …………………………… V（1つ）

　この【譜例1】はCメジャー（C△7をI度とする調）を中心とした場合の配列になっていますが、調性（キー・Key）が変われば当然、「**調の中心**（Tonal Center）」もずれていきます。しかし、調の中心がどんなにずれても、上記の「**和音の種類や関係**」は全く変わりません。また、上記のように「**ディグリネーム**（I、IIm7等のローマ数字のこと）」で覚えておけば、他の調にも応用することができます。

　ちなみに、【譜例2】はFメジャー・キーのダイアトニック・スケールとダイアトニック・コードです。先程のCメジャー・キーの和音と比較してみてください。

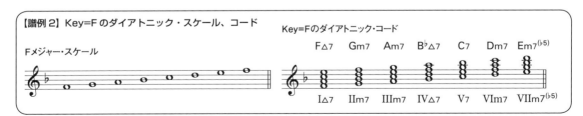

　普段は「メジャー・スケールなんてカンタン」と思っていても、いきなり「すぐに12のKeyで弾いてみましょう、書いてみましょう」と言われると意外にスラスラ出てこなかったりします。もし、苦手な調（Key）が有る方は日々、少しずつでも克服していきましょう。

第1章 STEP2 サイクル・オブ・5th (Cycle of 5th)

🎼 サイクル・オブ・5thとは？

次に確認して頂きたいのが「**サイクル・オブ・5th**（※）」です。

理論書によっては「反対回り（右に C→G→D）」に書かれていることもあり、それでも良いのですが、ドミナント・モーション（P.11参照）に従って「**時計回り**」で動いていくほうが、より覚えやすいように思います。

※別名で、サークル・オブ・5th、またはサイクル・オブ・4thと呼ぶ場合もあります。

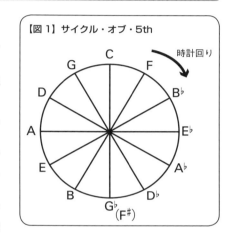

【図1】サイクル・オブ・5th

不思議なことに、まるで重力によって上から下へ物が落ちていくように、音にも「**自然に動いていく方向性、指向性**」があります。これは我々の耳が幼い頃から「**西洋音楽（クラシックだけでなくポップス、ロック、ジャズ、さらには歌謡曲も）**」の法則に慣らされてきたからという面もあるのですが、実は音響学的にも説明が可能なのです。

🎼 倍音列とサイクル・オブ・5thの関係

まず、一つの根拠としてあげられるのが「**倍音列【譜例1】**」です。ピアノで、ぜひ試してみて頂きたいのですが、一番左の低いC音（ド）を弾くと「**他の弦が共鳴する現象**」が起きます（電子楽器では困難です）。

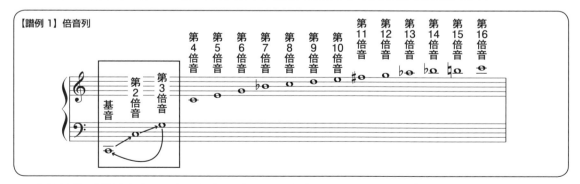

これは相当に訓練された耳でないと聴こえないのですが、繰り返していると「第5倍音～第6倍音」くらいまでなら何とか聴こえるようになります。注目して頂きたいのは「**基音～第3倍音**」の関係です。

倍音は高次（高い方）倍音になるに従って聴き取りにくくなりますが、一番良く聴こえる低音域のところで「**ドミナント・モーションとは逆の動き（C－C→G）**」が起きていますね。これを反対に考えると、ソ（G音）はド（C音）から生まれた音だとも解釈できる訳です。つまり、「**ソ（G音）はド（C音）に回帰する、戻りたがる**」傾向、性質があるということが言えるのです。

差音

次に、こちらも音響学のお話ですが、「**2つの異なる音を同時に鳴らしたときに、その周波数の差に等しい音が聴こえる**」という現象があります。これを「**差音**」といいます。早速、【譜例2】を見てみましょう。

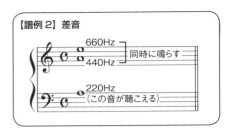

高音部記号（ト音記号）上の2つの音、660Hz（ヘルツ）のミ（E音）と440Hzのラ（A音）を試しに鳴らしてみると、何とその差である220Hzのラ（A音）が聴こえるのです。

※「Hz（ヘルツ）」というのは音の周波数や振動数を表す単位です。

では先程のサイクル・オブ・5thで確認してみましょう。

やはり、ミ（E音）はラ（A音）に「**回帰**」する運命にあるのがお分かり頂けたでしょうか。まるで「見えない神秘の力」がはたらいているかのようですね（ソ→ド、ミ→ラは共に完全5度下行、または4度上行進行です）。

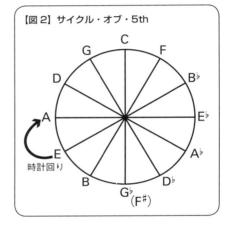

さて、音響学的にも納得がいったところで後はこの図を覚えてしまいましょう。

・ド、ファ、シ♭、ミ♭、ラ♭、レ♭、ソ♭
・ファ、シ♭、ミ♭、ラ♭、レ♭、ソ♭、ド♭（シ）
・ソ、ド、ファ、シ♭、ミ♭、ラ♭、レ♭　etc.

最初の音を言った瞬間に、条件反射のように「次の音」が口をついて出てくるまで唱えてください。部屋の見えるところに「サイクル・オブ・5th」の表を貼ってもいいでしょう。家族に怪しまれても上達の為です。気にしない、気にしない。

第1章 STEP3 IIm7 − V7 − I ケーデンス (Cadence)

サイクル・オブ・5thを使ったケーデンス「IIm7 − V7 − I」

次に、先程のサイクル・オブ・5thを使った代表的なケーデンス (終止形) を作ってみます。

※ケーデンスとは、主にIやIm (Tonic) に到達するためのコード進行の最小単位のことです。カデンツ (独:kadenz) とも呼ばれます。

時計で言うと「12時」のところにあるド (C音) に辿り着くためには、どのような動きが最も自然でしょうか？ 当然、ソ (G音) から動いていくのが一番自然ですね。これで「G→C」という動きができます。このままでも良いのですが、せっかくなのでもう一つ前に遡ってみましょう。そうです、レ (D音) が該当しますね。これで、「D→G→C」というさらに強力なサイクルが完成しました。

そして、これをCメジャー・キーのダイアトニック・コード (P.6参照) に当てはめると「Dm7 − G7 − C△7」というケーデンスを導き出すことができます。

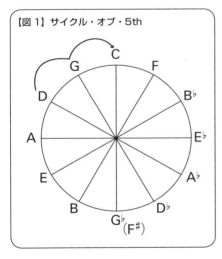

【図1】サイクル・オブ・5th

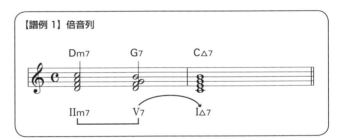

【譜例1】倍音列

【譜例1】のように「IIm7 − V7」の部分の下側に「鉤 (⌐⌐)」を、「V7→I」の部分の上側に「弓 (⌒)」を描くと視覚的にも分かりやすくなります (英語ではBracket & Arrow ブラケット & アローと呼びます)。

これはもちろん、他のKeyでも応用ができます。例えば、一つ右にずらして「Fをゴール」に設定した場合は「G→C→F」という動きになります。これを先程と同様のケーデンスにすると「Gm7 − C7 − F△7」というようになる訳です。そして、これも一回一回考えるのではなく、覚えてしまうまで徹底的に反復練習をしてください。楽器を使わなくても、自分で「虫食い問題」を作って解いてみましょう。

(例題)
それぞれ□に入る音は何ですか？ 「2秒以内」に答えなさい！

- Q1：B♭m7 − □7 − A♭△7
- Q2：□m7 − B7 − E△7

(解答はP.142に)

第1章 STEP4 セカンダリー・ドミナント（Secondary Dominant）

🎼 ファンクション（Function/和音の機能）

　冒頭に、「この本はコードやスケールに関しての基礎的な知識が身に付いている方を対象に書いていきます」と書きましたが、分かっているようで、なかなか掴みどころがないのがこの「**ファンクション/和音の機能**」なのです。セカンダリー・ドミナントに入る前に少しだけおさらいしてみましょう。

　いわゆる「光の三原色（赤、緑、青）」のように、和音（コード）にも「**トニック**」、「**ドミナント**」、「**サブドミナント**」の3つの役割があります。3つの「**性格**」と言っても良いかもしれません。

【図1】ファンクション/和音の機能

| T／トニック（Tonic） | ……… 主和音（「Tone 音」という語から派生しているといわれる）
印象：落ち着いている、家に帰ってきた感じ

| D／ドミナント（Dominant） | ……… 属和音（「支配的な」という意味も持っている）
印象：緊張感、家に戻りたいという気持ちや期待

| S／サブドミナント（Sub Dominant） | ……… 下属和音（実はドミナントに引き寄せられやすい）
印象：開放感、外の世界に出られる喜び、どこに行くか分からない不安感

　これをメジャー・ダイアトニック・コードに当てはめてみると、右記のようになります。調性音楽（Keyのある音楽）は必ずこれらの組み合わせで、できています。

- **T** …… Ⅰ ／ Ⅵm ／ Ⅲm
- **D** …… Ⅴ ／ Ⅶm(♭5) ／ （※Ⅲm）
- **S** …… Ⅳ ／ Ⅱm

※Ⅲmは使い方によっては、ドミナントにも感じられることがあります。

　もちろん、これからはここにない様々な「変化音」や「借用和音（違うKeyから借りてきた和音）」も出てきますが、どんなに複雑な和音であってもこの「**3つの役割、性格**」に集約し、当てはめることができるのです。

　代表的な組み合わせとしては、次のようになります。

①T－D－T ………… 幼稚園の「起立・礼・着席」のパターン
②T－S－D－T …… ジャズでもよく使われる「起承転結」がはっきりしたパターン
③T－S－T ………… アーメン終止・女性終止とも呼ばれ、穏やかなパターン
④T－D－S－T …… クラッシックでは「D→S」は「弱進行（音の重力に逆らった動き）」として禁則扱いだが、ロックやブルースでは普通に使われるパターン

セカンダリー・ドミナント

✅ ドミナントとは？

では、本題のセカンダリー・ドミナントに入りましょう。

ところで、「ドミナントとは何ぞや？」と問われた場合、これが結構悩みどころです。分かりやすくCメジャー・キー（ハ長調）」で考えてみると、通常、ドミナントはG7（V度）です。これはC△7（I度）を導き出すので当然ですね。

「**V度だからドミナント！**」と丸暗記する手も確かにあります。

しかし、実は「ドミナント」という用語は、その場所（調、Key）においての「**役割の名前**」であったり、和音の「**型の名前**」であったりと色々な意味で使用されるのです。

✅ 複数の意味のドミナント

例えば、「お父さん」は家の中では、子供の「父親」であり、「お母さん」からしたら「夫」でもあります（会社では「係長」かもしれません）。それぞれ役割は違いますが、立場ははっきりしています。

それとは別に、テレビ番組等でレポーターが街角で「年配の男性」に親しみを込めて、「おとうさん！」と呼びかけているのを聞いたことがあると思います。この場合だと、役割や立場ははっきりしていません。これと同じことが「ドミナント」という用語にも言えるのです。

通常は「ドミナント・モーションの条件（それがドミナントだと言える根拠）」として2つ挙げられます。

①ドミナント・コードのトライトーンがトニック・コードの「**3rd、Root**」へ解決
　（G7なら「シ（B音）、ファ（F音）」が、Cの「ド（C音）、ミ（E音）」へ）
②ベースの完全5度下行（または完全4度上行）進行（G→C）

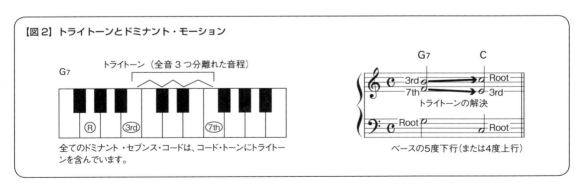

【図2】トライトーンとドミナント・モーション

実は、このドミナント・モーションのドミナントは「**型の名前**」でしかないのです。言ってみればレポーターが呼びかけた「おとうさん」に近い状態で、立場と役割がはっきりしていません。先程述べたとおり、「**Cメジャー・キー（家の中）**」でのG7と「立場」を特定することによって、ようやくこれが「Cさん家のお父さん」ということが分かるのです。

また、「Cメジャー・キー（ハ長調）」を一つの町内会だと仮定して、みんなでお祭りを開催すると考えた場合、C家（I度）が主役（町内会長みたいなもの）になり、その家のお父さんであるG7の存在感は一番大きなものになりますが、お隣の「Dm（7）さん家」やそのお隣の「Em（7）さん家」のお父さんの手助けがあれば、もっと「賑やかなお祭り」になるはずです。

　次の【譜例1】をご覧ください。せっかくなので、近所のお父さん達にもご登場願いました。

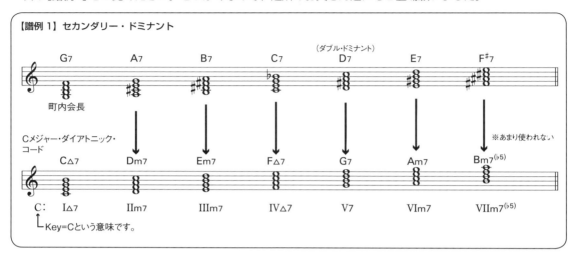

　ご覧の通り「Dm（7）さん家」のお父さんはA7ですし、「Em（7）さん家」はB7がお父さんです。これら近所のお父さんをまとめて「**セカンダリー・ドミナント**」と呼ぶのです。

　さらに、よく見ると「G（7）家」にもD7というお父さんが居て、いわば「おじいちゃん」のような存在になります。この偉大なおじいちゃんD7だけ特別に「**ダブル・ドミナント**（Double Dominant）（※）」という称号が与えられているのです。

※クラシックでは「ドッペル・ドミナント」とも呼ぶ。

セカンダリー・ドミナントの度数表記（ディグリー）

　さて、これらのセカンダリー・ドミナントを度数（ディグリー）で表記する場合はどうすればよいのでしょうか。

　例えば、Dmへ向かうA7は「C（I度）」から数えると「VI7」になります。実際に即興演奏等の際にはこれで覚えてしまっても構わないのですが、理論上は「V7 Of II（m）」（II度のV度という意味）と書くのが正しい表記です。さらにカンタンに「V7／II」と書くこともあります。従って、B7は「V7／III（m）」、C7は「V7／IV」…となる訳です。最初は大変ですが、これも色々なKeyで覚えることが大切です【譜例2】。

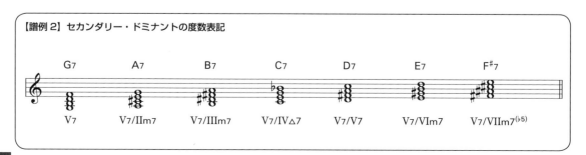

(例題)
- Q1:「Key in G(ト長調)」でE7は何にあたりますか？
- Q2:「Key in F(ヘ長調)」でG7は何にあたりますか？

(解答はP.142に)

🎼 リレーテッドⅡm7 (Related Ⅱm7)

V7以外のドミナントである「**セカンダリー・ドミナント**」、「**ダブル・ドミナント**」はそれぞれ手前に、「**関係するⅡm7(リレーテッドⅡm7)**」を置くことができます。

「関係する」というのは直訳で、そのドミナント・コードと「**組みになるⅡm7**」(P.9参照)ということです。ちなみに、**ダイアトニック・コードに元々ある**「Ⅲm7、Ⅵm7、Ⅶm7$^{(♭5)}$」については、わざわざ「リレーテッドⅡm7」とは呼びません。

【図3】分析例:Cメジャーキーの場合

① Em7 － A7 － Dm
　Ⅲm7 － V7／Ⅱm　(ただし、マイナー・コードに進む場合は、リレーテッドⅡmをⅡm$^{(♭5)}$にすることもあります(Em7$^{(♭5)}$にした場合はダイアトニックではなくなるので、Rel Ⅱm7$^{(♭5)}$と表記します)。

② Gm7 － C7 － F
　→　※Rel Ⅱm7 － V7／Ⅳ

③ Bm7$^{(♭5)}$ － E7 － Am
　→　Ⅶm7$^{(♭5)}$ － V7／Ⅵm

④ F♯m7 － B7 － Em
　→　※Rel Ⅱm7 － V7／Ⅲm

※CメジャースケールのダイアトニックにノーÀない音を含む「Gm7(B♭音が該当)」、「F♯m7(F♯音・C♯音が該当)」は全て「Rel Ⅱm7(リレーテッドⅡm7)」と表記されます。

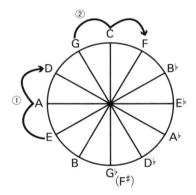

●サイクル・オブ・5thを使うと、すぐにリレーテッドⅡm7を探すことができる。

第1章 STEP 5 マイナー・ハーモニー（Minor Harmony）

平行調と同主調

　これまではメジャー・キー（長調）を前提として話を進めてきましたが、調性音楽（調・Keyがある音楽）のもう一つの重要な「顔」である「**マイナー・キー（短調）**」に関しても学んでいきましょう。

　突然ですが、「Cメジャー（ハ長調）」から見てもっとも近しい短調は何でしょうか？　これには次の2つの回答が挙げられます。

- 平行調である「Aマイナー（イ短調）」
- 同主調である「Cマイナー（ハ短調）」

　英語では平行調を「Relative minor（関係短調）」といい、同主調を「Parallel minor（平行短調・主音はそのままでマイナー・キーに平行移動していると考える）」と呼ぶので混乱してしまいそうですが、日本人にとっては古くから使われている「訳語」の方が馴染み深いので、本書では従来の呼び方を採用します。

　ちなみに日本の平行調は、ダイアトニック・スケールを変えず（例えばCメジャーとAマイナー等）、主音が横（ヨコ）にスライドしたという意味で「**平行**」と訳されています。
　反対に日本で「同主調」と呼ばれているものを英語では、主音の「C音」が縦に平行移動したと考えているのですね。次に平行調と同主調の例を挙げます【譜例1】。

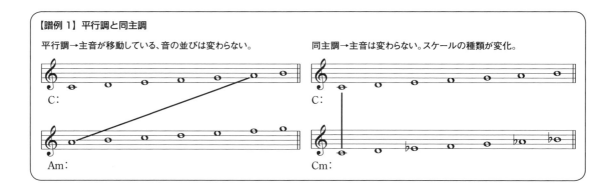

【譜例1】平行調と同主調

ナチュラル・マイナー・スケール（Natural Minor Scale、自然短音階）

それではまず、マイナー・スケールの中でも基本となる「**ナチュラル・マイナー・スケール**（自然短音階）」を見ていきましょう。メジャー・スケールと比べると、「**3rd、6th、7th**」が半音下がって「**フラット（♭）**」しているのがわかります（例はCマイナー・キー）。

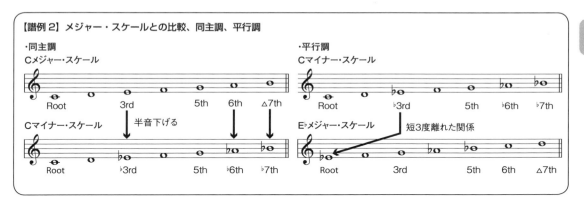

ちなみにCマイナーの平行調は「E♭メジャー」です。つまり、平行調は主音が「**短3度**」離れた関係になるのですね。

✓ 度数（ディグリー）の書き方

次に、**度数（ディグリー）**の書き方です。

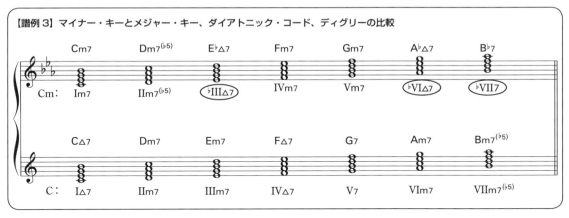

おや、「Ⅲ度、Ⅵ度、Ⅶ度」の左横に♭が付いていますね。これはコード・ネームの成り立ちが大いに関係しているのですが、簡単に言うとコード・ネームは「**メジャー中心主義**」でできているのです。

つまり、コードの世界はあくまで「**メジャーが基本（偉い！）**」であり、そこからどう変化したかを書かなくてはならないという訳なのです。

ナチュラル・マイナー・スケールでは「Ⅲ度、Ⅵ度、Ⅶ度」の**ルート**（根音）がそれぞれ半音下がるので♭を書くのですが、ここでもルールがあり、変化記号を必ず「**左側**（厳密には**左上**）」に書きます（例：♭Ⅲ、♭Ⅵ、♭Ⅶ）。

コード・ネームで、「E♭、A♭、B♭」と変化記号を「右側（上）」に付けるのとは「**正反対**」ですので、間違えないように気をつけましょう。

ハーモニック・マイナー・スケール(Harmonic Minor Scale、和声的短音階)

次に紹介するスケールは、「**ハーモニック・マイナー・スケール(和声的短音階)**」です。

この音階ができた背景には、「**不完全なドミナント・モーションの解消**」が挙げられます。
マイナー・スケールでの「V－I」の和音に注目するとCマイナー・キーの場合は「Gm7－Cm」になりますが、Gm7の「3rdの音」は、メジャー・スケールのときのように「シ(B音)」ではない為、「**導音(Leading-tone)(※)**」の役割が弱まります。

※リーディング・トーン、半音で主音(ルート)へ到達する音。

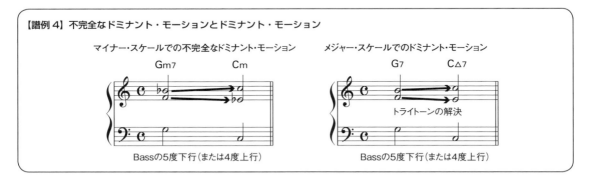

ベースは完全5度下行(完全4度上行)の強進行をしているので「ドミナント風」には聴こえますが、やはり本来の「ドミナント7th」の響きではありませんね。

そこで、人工的に音階の第7音シ♭(B♭音)を半音上げてシ(B音)に変えて、「**導音を作り出した**」のです。このスケールがハーモニック・マイナー・スケールです。

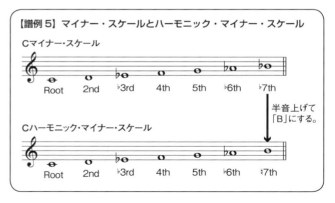

さらに、このハーモニック・マイナー・スケール上に「**和音**」を作っていきましょう。こうすることによって、V度の上に「**ドミナント・コード**」ができましたね。そして、おまけ(?)でI度が「m△7(マイナー・メジャー7th)」になったり、♭III度が「△7(#5)(メジャー・セブンス・シャープ5th)」になりました。VII度上にはdim(ディミニッシュ・コード)までできています。当然、これらの和音も今後は必要に応じて使う場合が出てきます。

最後にもう1つのスケール、「**メロディック・マイナー・スケール(旋律的短音階)**」というものもあるのですが、これはジャズにおいては「**最も重要なスケール**」なので、後ほど改めて紹介します(P.62～)。

column イヤートレーニング

ジャズに限った話ではありませんが、「音楽」を聴いたり演奏する際に耳が良い（音感が優れている）と、楽曲をより深く理解できたり、上手に演奏できる可能性が高まります。
ここでは「絶対音感や相対音感」のトレーニングとはまたちょっと異なったトレーニング方法をお教えします。

「大人になってから今更、音感トレーニングなんて無理だよ」
「全ての音程を完璧に歌えるようになるまで気合で練習するのか」

こういった視点ではなく、もう少し大雑把に考えてみましょう。
これは普段の会話にも言えることなのですが、例えば「家族」や「電車の中の人々」の話が自然に耳に入ってきた場合、そんなに集中して聞いていなかったとしても何となく「楽しそうだな」、「悪い話をしているな」、「深刻な話かな」とフィーリングを掴めることがあります。

音楽でもとりあえず、何となく「明るいな」、「これから盛り上がりそうだな」、「そろそろ曲が終わりそうだな」というのが「わかる」ことがとても大切なのです。
「どの和音の、どのテンションが聴こえた、あれは絶妙なコードだね」というレベルまで行けばベストですが、いきなりそこに目標を置くのは、やがてつらくなり練習も続かなくなってしまうでしょう。

…では、一体何をすれば良いのか。

「とりあえず3つのコードの響きや雰囲気を覚える」
これが答えです！
そして、覚えるコードは以下の3つです（Cメジャー・キーの場合）。

---

1. C（I）　　……………　「Tonic」であり楽曲の中心、終止になることが多い。

2. Am（VIm）　……………　I度の平行短調、「泣きのマイナー」を象徴するもの。

3. F（IV）　　……………　もう一つのメジャー・コード、開放感や旅立ちを感じさせる。

「あれ、G（V度）は？」と思った方も多いかもしれませんが、V度は大抵の方が自然に身に付いており、敢えて練習する必要はありません。もちろん、「起立（C）、礼（G7）、着席（C）」を鳴らしても、ピンと来ないという方は復習のつもりでやったほうがよいかもしれませんが…。

（P.18へ続きます。）

この3つが分かると、C（I）の代理コードである「Em（IIIm）」や、F（IV）の代理である「Dm（IIm）」も掴みやすくなります。また、練習する際に「**3つのコードに付随するIIm7－V7**」をセットにして弾いて、一緒に覚えてしまえば「C、D、E、F、G、A、B」の上にできる和音も全て網羅できます。

　下記の通り、「ド～シ（C～B）」の全ての音が出てきていますね。

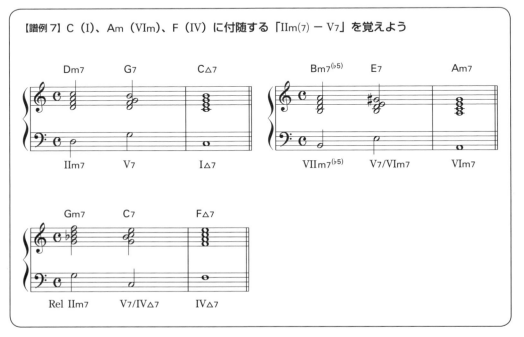

【譜例7】C（I）、Am（VIm）、F（IV）に付随する「IIm(7)－V7」を覚えよう

　これも移調を行なって、ジャズでよく使われる「key（調）」（例えばC、F、G、B♭、E♭など）は少なくとも押さえてしまいましょう。いつの間にか「移調」の練習にもなって一石二鳥です。

▶第2章
発展編

Practice! Ultimate jazz theory to learn in earnest

第2章 STEP1 サブドミナント・マイナー（Subdominant Minor）

サブドミナント・マイナー

　前章でメジャーとマイナーの両方の世界を見てきましたが、実はこの「2つの世界」は繋がっており、自由に行き来ができます。「表の世界と裏の世界」といった趣で何ともミステリアスです。

　特に、「ナチュラル・マイナー・キー」のダイアトニック・コードを「**メジャー・キーの中**」で使用すると「明暗」の対比が付けやすく、効果的であるため、古今の多くの名作曲家たちからも愛用されてきました。この中でもマイナー・キーに特徴的な「♭6th音（キーがCの場合はA♭）」を含む4つのコードを「**サブドミナント・マイナー（マイナー・キーの中のサブドミナント・コードの意味）**」と呼んでいます。

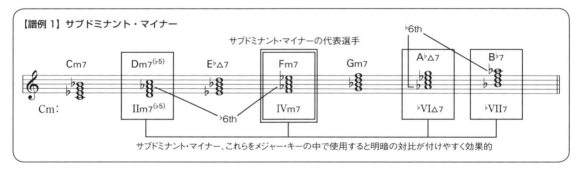

　【譜例1】を見て「えっ、♭Ⅵはトニックでは？」、「♭Ⅶ7はセカンダリー・ドミナントでは？」、このように思った方はとても鋭いです。これは、メジャー・キーの曲にマイナー・キーのコードを使用する際の考え方なので、マイナー・キーの中での役割とは違ってきてしまうのです。以下は、マイナー・キーにおいてのファンクション（役割）です。

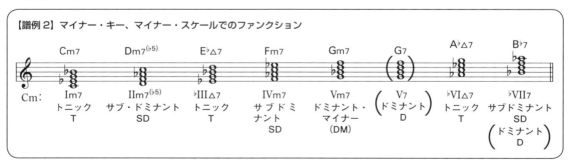

✓ コード進行やキーからの別の解釈

　このように、「**キー**」や「**コード進行の前後関係**」で別の解釈の可能性がいくつか出て来ることもあります。例えば、Cマイナー・キーで「G7－A♭△7」という動きの場合は「ドミナント→トニック（Ⅰ度以外のトニックへ解決する偽終止（P.25参照））」と捉えることもできます。また、「B♭7→E♭△7」の場合は、B♭7は「V7/♭Ⅲ」というセカンダリー・ドミナントとして分析することができます（E♭メジャー・キーは、Cメジャー・キーにとっては「同主調（Cマイナー・キー）の平行調」なので行きやすい「近親調」にあたります）。

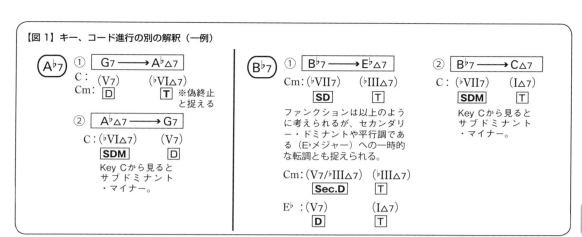

【図1】キー、コード進行の別の解釈（一例）

しかし、全てのサブドミナント・マイナーは、マイナー・キーの「サブドミナントの代表選手」である「IVm（Fm）から派生した音」として考えると、A♭7は「Fm7⁽⁹⁾の根音省略形（ルートを省いたもの）」とも取れます。また、B♭7は確かに構造上、ドミナント・コードですが、レ（D音）はFmのコードからすると「6th（13th）」という付加音にあたり、本来「導音」であったシ（B音）がフラットされてB♭になったと考えると、Cメジャー・キーの中ではドミナント機能よりもサブドミナント・マイナーとして使われることが多くなります。

サブドミナント・マイナー・ケーデンス

このサブドミナント・マイナーを活用したコード進行に「**サブドミナント・マイナー・ケーデンス**」というものがあります。こちらも、わかりやすいように、引き続きCマイナー・キーを基準に説明します。

本来、Fm7を「リレーテッドIIm7」（P.13参照）とした場合、

①Fm7－B♭7（V7／♭III）－E♭△7（♭III△7）　という進行が最も自然です。

次に、これを「Fm7－B♭7」1セットで「サブドミナント・コード」と考えると、
②「Fm7－B♭7－Cm7（Im7）という進行も考えられます。

役割は「**SD（サブドミナント）－T（トニック）**」になり、理論上も辻褄が合います。さらに最後のCmをメジャー・コードにすることもできます。クラシック音楽の理論では「**ピカルディの3度**」と呼ばれる用法に近いのですが、「マイナー」のケーデンスと見せかけて最後は「**メジャー・コードへ着地する**」という荒業です。Cメジャー・キーから見た場合、これは「**SDM（サブドミナント・マイナー）－T（トニック）**」になります。

③Fm7（IVm7）－B♭7（♭VII7）－C△7（I△7）

マイナーの世界から一気に「メジャーの世界」に進むことによる開放感が特徴的ですね。

ちなみに、この場合の分析としてはドミナント・モーションではないので、「Rel IIm7－V7／♭III△7」ではなく「IVm7－♭VII7」とそのまま書きます。もちろん、「B♭7→C△7」への解決部分も弓（アロー）は書き込みません。

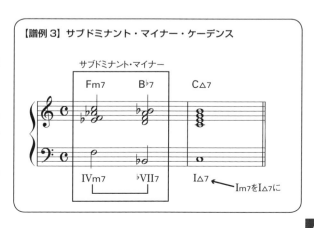

【譜例3】サブドミナント・マイナー・ケーデンス

第2章 STEP2 アナライズ（分析）

　この項目では、実際の楽曲分析をします。これまでに紹介した「**セカンダリー・ドミナント**」や「**サブドミナント・マイナー**」がどのように使われているのかを楽曲を通して感じ取ってください。

　最初にとりあげる曲は、ジャズの初心者から上級者まで幅広く愛されるスタンダード・ナンバー「ゼア・ウィル・ネバー・ビー・アナザー・ユー（There Will Never Be Another You）」です。一般的には略して「アナザー・ユー」と呼ばれています。邦題は「あなただけを」、「あなた無しでは」等があり、元々はミュージカル映画「アイスランド」（1942）の為に作曲された熱烈な歌詞のラブ・ソングです。

　作曲者のハリー・ウォーレン（Harry warren／米・1893-1981）は、他にも「チャタヌーガ・チュー・チュー（Chattanooga Choo Choo）」や「アイ・ウィッシュ・アイ・ニュー（I Wish I Knew）」等、数々の名曲を生み出しています。原曲はE♭メジャー・キーですが、Cメジャー・キーに移調しています。

※既に出版されているスタンダード曲集等の譜面によって、「コード進行」や「メロディ」に関して、様々な解釈やアレンジがありますのでご了承ください。また、オリジナルのメロディと付けられているコードがクラッシュ（ぶつかっている）している部分があるのですが、習慣的に使われているコード付けを掲載します。
例えば、最後の段に「Em7－F7－Em7－A7」という進行がありますが、この「Em7」の部分にあるメロディの「ド（C音）」は、一般的にはアヴォイド・ノート（P.70）です。もし、変えるとすれば、「【C△7/E】－F7－【B♭7】－A7」等が考えられます（ジャズの場合はアドリブに入ってしまえば自由に演奏できるので、そこまで厳密に考えない傾向があります）。

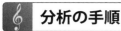 分析の手順

- **手順① ダイアトニック・コードを探す**
  この曲のピュア・ダイアトニック (Pure Diatonic〈※〉) を見つけ出し、特定していきます。
  ※元のキーに含まれているコード。この曲の場合はキーCなので、Cのダイアトニック・コードになる。

- **手順②「セカンダリー・ドミナント」や「リレーテッドIIm7」を見つける**
  前回までに身につけた知識を総動員して、G7（V7）以外のドミナント・コード「お父さん」とその家族「リレーテッドIIm7」を見つけてみましょう。

- **手順③ 最後にサブドミナント・マイナーを見つける**
  上記①・②で説明の付かないコードがあった場合は、「サブドミナント・マイナー」の可能性があります。

✓ ①ダイアトニック・コードを探す

まず①の手順について見ていきます。Cメジャー・スケールから構成される「コード」を見つけ出し、全て埋めていきましょう。これは簡単ですね？

【図1】①ダイアトニック・コードを探す

A	C△7		Bm7(♭5)	E7
	I△7		VIIm7(♭5)	?
	Am7	D7	Gm7	C7
	VIm7	?	?	?
B	F△7	B♭7	C△7	Bm7(♭5)　E7
	IV△7	?	I△7	VIIm7(♭5)　?
	Am7	D7	Dm7	G7
	VIm7	?	IIm7	V7
C	F△7	B♭7	C△7	F♯m7(♭5)　B7
	IV△7	?	I△7	?　?
	Em7　F7	Em7　A7	Dm7　G7	C△7
	IIIm7　?	IIIm7　?	IIm7　V7	I△7

もし、この段階でどれがピュア・ダイアトニックか分からない場合はCメジャー・スケールを書き出して、全ての音符に和音を積み上げて「4和音」を作ってください。その中に含まれているコードを曲中から探していくのです。

✅ ②「セカンダリー・ドミナント」や「リレーテッドIIm7」を見つける

次に、手順②の「**セカンダリー・ドミナント**」や「**リレーテッドIIm7**」を見つけていきます。難易度は少し上がりますが、基本的にはG7以外の「**ドミナント7thコード**」、それに付随する「**マイナー7thコード**」に着目すれば良いのです。「マイナー7thコード」がノンダイアトニックの場合は、ほぼ「リレーテッドIIm7」です。全て書き込んでいきましょう。ここでは、7小節目の「Gm7」がそうですね。

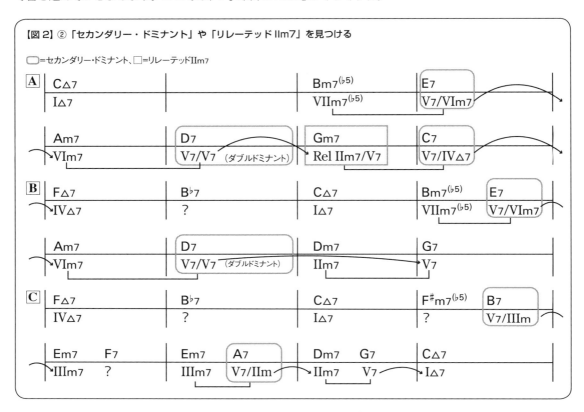

ただし、ここで「一つだけ」例外があります。それは20小節目のF#m7(b5)というコードです。

これまでに、皆さんが学んだ流れでいけば「B7（V7/IIIm7）」の「Rel IIm7(b5)」という答えになるのですが、構成音を並べ替えてみると「A、C、E、F#」であり、Am6と同様の構成音であることに気付きます。よって、F#m7(b5)だけ例外的に、Cメジャー・キーの平行調である「Aマイナーのトニック・コード（Am）」と同様であると見なし、ダイアトニック・コードとして扱います。

※ファ#（F#音）は、後述のメロディック・マイナー・スケールに出てきます。

ディグリーネームはそのまま「#IVm7(b5)」と書きます。細かいことですが、このコードはポップスでも多用されるので覚えておくと良いでしょう。

✅ ③ 最後に「サブドミナント・マイナー」を見つける

さて、残るは10、18小節目のBb7と21小節目のF7のみですね。Bb7は覚えていますか？ そうです、「サブドミナント・マイナー」というのを前節で勉強しましたね？ これはこのままbVII7と書きましょう。一つ残されたF7については…実はこれまでの知識では解けません。

少し意地悪でしたが、次回以降に出てくる「**トライトーン・サブスティチューション**」と呼ばれる「**セカンダリー・ドミナントコード**」の特別版なのです（日本では「**裏コード**」という愛称で親しまれています）。お楽しみに…（P.27参照）。

第2章 STEP3 ディセプティブ・ケーデンス（Deceptive Cadence、偽終止）

調性音楽の代表的な終止（ケーデンス）の「(IIm7)－V7－I△7」を「**完全（正格）終止**」と呼びますが、それ以外にも終止はいくつかあります。

代表的なものとしては「I－IV－I」（**変終止・女性終止**）があります。
これは「Im－IVm－Im」と、マイナー・キーにしても同じです。中世ヨーロッパのキリスト教会で歌われていた賛美歌のエンディングには必ず付けられていた終止形なので、別名「アーメン終止」とも呼ばれています。

上記2つとも必ず、最後は「I度」に帰結していますが、これから紹介するものは「ドミナントであるV7がI以外の度数に進行するもの」で、「**偽終止（ディセプティブ・ケーデンス）**」と呼ばれます。この偽終止には大きく分けて「**2種類**」あります。

①I以外の「トニック（Tonic）」コードへ進む

Iの代理コード（同じ機能・Functionを持つ）へ進んでいくパターンで、代表的なものとしては、V7から「VIm（♭VI）」、「IIIm（♭III）」に進行する例が挙げられます。

・IIm7－V7－VIm7（C：の場合はDm7－G7－Am7）
・IIm7－V7－IIIm7（C：の場合はDm7－G7－Em7）

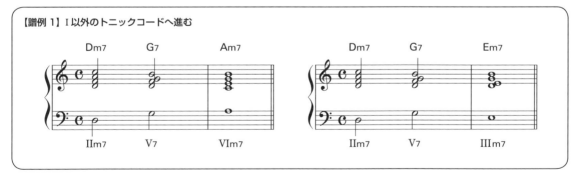

【譜例1】I以外のトニックコードへ進む

必ず、楽器で「響き」を確認してみて欲しいのですが、「そろそろ終わるかな」と見せかけて「終わらない」。聴く者の期待をさらりとかわす、いい意味での「裏切りのテクニック」です。

②「トニック(Tonic)」以外の機能(Function)を持つコードへ進む

　楽典や初歩的な「和声」を学ぶ段階では「ドミナントはトニックにしか進めない」と習うのですが、実際の音楽では「そうでないケース」がいくらでも出てきます。譜例を見てみましょう。

・IIm7 － V7 － IVm7 － ♭VII7（C：の場合は Dm7 － G7 － Fm7 － B♭7）

　これは偽終止というよりは「**反復進行**（ゼクエンツ、英語：シークエンス／ Sequence）」の一種とも解釈できるのですが、「V7 － IVm7」の部分だけを取り出せば偽終止をしていると言えます（ドミナント→サブドミナント・マイナーへ進行）。

　ちなみに「反復進行」というのは「同じ型のコード進行」を繰り返しながら音楽を前進させていく技法で、この場合は「**マイナー7thとドミナント7th**」をセットで捉えます。つまり、「Dm7 － G7」・「Fm7 － B♭7」をそれぞれ「**セット**」として扱い、一定のパターンを作って独特の浮遊感を出している訳です。
　この後、さらに「Am7 － D7」または「Em7 － A7」等、他の「マイナー7thとドミナント7th」のセットを作って繋げていくことも可能です。

第2章 STEP4 トライトーン・サブスティチューション (Tritone Substitution)

🎼 トライトーン・サブスティチューション（裏コード）

P.24「ゼア・ウィル・ネバー・ビー・アナザー・ユー」のアナライズ（分析）の項で登場したF7のコードは一体何だったのでしょうか？　ここではその答えを明かしていきましょう。

全てのドミナント7thコードは「**トライトーン（三全音）/増4度関係**」を含んでいます。G7を例に取ると「シ（B音）・ファ（F音）」が該当しますね。

セカンダリー・ドミナントの節でも触れましたが、ドミナント・モーションの条件として以下が挙げられると、説明しました。

① ドミナント・コードのトライトーンがトニック・コードの「**3rd、Root**」へ解決（G7なら「シ（B音）、ファ（F音）」が「Cのド（C音）、ミ（E音）」へ）
② ベースの完全5度下行（または完全4度上行）進行（G→C）
　※後続の和音が「C△7」の場合は、3rd「シ（B音）」は残ります。

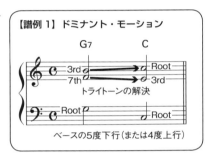

【譜例1】ドミナント・モーション
トライトーンの解決
ベースの5度下行（または4度上行）

この「**①の特徴のみ**」を利用したのが「**トライトーン・サブスティチューション**」と呼ばれる技法です。G7を例にすると、具体的には「シ（B音）とファ（F）」のトライトーンを共有する「ドミナント・コード」がトライトーン・サブスティチューションで、ドミナント・コード（G7）の代わりに使用することができます。

では、どうやったら見つかるのでしょうか？　少し考えてみてください。

✅ トライトーン（7thと3rd）をひっくり返す

G7というコードにおいて「シ（B音）」は3rdにあたり、「ファ（F音）」は7thの音になりますが、このトライトーンは上下をひっくり返しても音程関係（厳密には半音の距離）が変わりません。楽典では説明の便宜上、下から「シ（B音）ーファ（F音）」の場合は減5度と呼び、反転させて「ファ（F音）ーシ（B音）」の場合は増4度と呼びますが、響きの特性は全く同質です。

つまり先程とは反対に、「**シ（B音）が7th**」に、「**ファ（F音）が3rd**」に来るようなコードを考えればよいのです。

「シ（B音）」という名前に囚われてしまうと思いつかないのですが、「ド♭（C♭）」と読み替えたらいかがでしょう。そうです、答えはD♭7です。

このD♭7をG7の変わりに使って「D♭7ーC△7」という進行を作りだすことができるのです（Iを「メジャー7thコード」にする場合は、シ（B音）はそのまま残ります）。

ベースが5度（4度）進行ではないので解決感が弱くなると思いきや、「レ♭（D♭音）→ド（C音）」という「**半音進行による独特の解決感**」が得られますね。

【譜例2】G7の代理でD♭7を使用する
II♭7　　I△7

✓ トライトーン・サブスティチューションはまるで地球の裏側！？

さて、このトライトーン・サブスティチューションですが、実は簡単な見つけ方があります。ヒントは「サイクル・オブ・5th」のあの円です。GとD♭は対角線上、まるで「地球の裏側」に有るような存在なのです。試しに他のコードでもやってみてください。

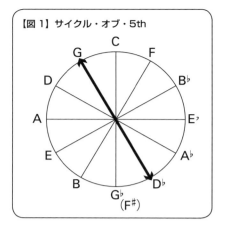

例えばC7の場合は「ミ(E音)とシ♭(B♭音)」がトライトーンですが、対角線上にあるG♭7は「シ♭(B♭)とファ♭(F♭)」です。「ファ♭＝ミ」ですから、先程の「G7、D♭7」と同じ関係ですね。こんな関係を指してか、日本のミュージシャンの中ではトライトーン・サブスティチューションのことを「**裏コード**」と呼ぶようになったというわけです。

このトライトーン・サブスティチューションも、考えなくてもパッと思い浮かべられるように日頃から練習してください。【図1】を暗記しても良いですし、ルート（根音）同士の関係が「**増4度（減5度）**」の関係になる「コード」と覚えても構いません。

あ、危うく忘れるところでしたが、P.24「ゼア・ウィル・ネバー・ビー・アナザー・ユー」で最後に残った21小節目のF7はもうお分かりですね？
→B7（V7／IIIm）のトライトーン・サブスティチューションというのが正解です。

✓ トライトーン・サブスティチューションの表記

この「F7」は、ディグリーネームでは「Sub V7／IIIm」と書きます。また、解決感が「V7－I」に準じるということで、分析の際は「**点線の弓（Dotted Arrow）**」を付けます（図2では解決先をC△7に設定しています）。

【図2】トライトーン・サブスティチューションの表記と Rel IIm7

$$D♭7 - C△7 \qquad A♭m7 - D♭7 - C△7$$
$$\text{SubV}_7 \quad \text{I}_{△7} \qquad \text{Rel IIm}_7 \quad \text{SubV}_7 \quad \text{I}_{△7}$$

そして、このD♭7も、関連する「マイナー7thコード」である「Rel IIm7」を付け加えることが可能です。
原型の「Dm7－G7－C△7」とはだいぶ掛け離れたサウンドになりますが、使い方によってはとても「オシャレ」に響きます。最後に例題です。反射的に答えられるようになるまで、頑張ってください。

（例題）

次のコードの「トライトーン・サブスティチューション」は何でしょう？　また、Rel IIm7も考えてみてください。

- Q1：E7　→　□7（Rel IIm7は□m7）
- Q2：D7　→　□7（Rel IIm7は□m7）
- Q3：A7　→　□7（Rel IIm7は□m7）

（解答はP.142に）

トライトーン・サブスティチューションを使った進行

　トライトーン・サブスティチューションを学んだことによって、コード進行の可能性が格段に広がります。ジャズで最もよく使われる「IIm7－V7－I△7」を原型として、どのようなヴァリエーションが可能になるのかを見ていきましょう。

★原型：IIm7－V7－I△7（Dm7－G7－C△7）

【図3】トライトーン・サブスティチューションを使ったケーデンス

① IIm7－sub V7－I△7　　　（Dm7－D♭7－C△7）　　　V7を裏コードにする（ベースの半音進行に注目）

② sub IIm7－V7－I△7　　　（A♭m7－G7－C△7）　　　IIm7を裏コード、D♭7のRel IIm7に変える
　※A♭m7はG7にとってはリレーテッドしていないので、「Sub IIm7」と書きます。

③ Rel IIm7－sub V7－I△7　（A♭m7－D♭7－C△7）　　裏コードの「IIm－V7」に差し替えたパターン

④ IIm7(♭5)－sub V7－I△7　（Dm7(♭5)－D♭7－C△7）　①のIIm7をSDM（サブドミナント・マイナー）に

⑤ sub IIm7(♭5)－V7－I△7　（A♭m7(♭5)－G7－C△7）　②のSub IIm7を(♭5)に変える

⑥ Rel IIm7(♭5)－sub V7－I△7（A♭m7(♭5)－D♭7－C△7）③のRel IIm7を(♭5)に変える

　今までにならったサブドミナント・マイナー・ケーデンス（SDM）にも応用してみましょう。

⑦ IVm7－♭VII7－I△7　（Fm7－B♭7－C△7）　　SDMケーデンスの基本形

⑧ IVm7(♭5)－♭VII7－I△7　（Fm7(♭5)－B♭7－C△7）　IVm7を(♭5)に変える

⑨ IVm7－sub ♭VII7－I△7　（Fm7－E7－C△7）　　B♭7の裏コードのE7にしたことで、導音「シ(B音)」が現れたため、響き的にはドミナントに聴こえる。例外的な進行

⑩ sub IVm7－sub ♭VII7－I△7　（Bm7－E7－C△7）　もはやサブドミナント・マイナー・ケーデンスの「影も形もない」が、理論上は一応「アリ」な進行

　さらに、終わりの音をI△7ではなく「Im7、VIm7、IIIm7」に変えていけば、いくらでもヴァリエーションが作れてしまいます。上記の例も一つずつ音を出して確認してくださいね。

　最後に一つだけアドバイスです。
　実際の音楽では「理論上は正しくてもあまり使われない進行」や「理論上は多少おかしくても使われる進行」があるということを覚えておいてください。最後は「**皆さんや聴く人の耳**」が判断基準になるのです。

第2章 STEP5 クリシェ

元々、「**クリシェ**（Cliché）」という言葉はフランス語で「常套句（決まり文句）」という意味です。「使い古された言葉」というような、どちらかというと悪いニュアンスで使われることもあるようですが、音楽では「よくあるよね」と言われながらも昔から愛用されている技法の一つです。

最も代表的な例を挙げてみましょう。

メジャー・クリシェ

✓ ① C − Caug − C6 − Caug − C

メジャー・コードの **5th**（第5音）が「G − G♯ − A − G♯ − G」と半音ずつ変化していくことによる、響きの微妙な移ろいが魅力的です。それこそ、フランスの映画音楽で使われそうな雰囲気を醸しだしています。

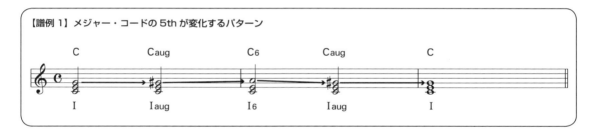

✓ ② C − C△7 − C7 − C6

こちらの方はコードの上部だけでなく、**下部**（ベースでも可）で変化を付けていくことも可能です。Rootが「C − B − B♭ − A」と動いていきます。

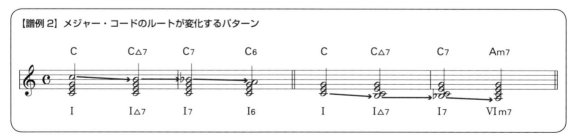

また、メジャー・コードと同様にマイナー・コードでもクリシェは多用されます。
以前、日本でも大人気を博したドラマ「警部補　古畑任三郎」のテーマ曲でも使われていましたし「サスペンスもの」にはうってつけです。

マイナー・クリシェ

✓ ① Am − Am♯5 − Am6 − Am♯5（または Am − Am♯5 − Am6 − Am7）

　メジャー・コードのときと同じく、**5thの音**が（E − F − F♯ − F）と半音ずつ変化していきます。
　Am♯5 というのは（F/A）と書き換えることもできますが、この場合はクリシェ・ラインであることを強調するために敢えて♯5 を「aug（オーグメント）」の表記にしています。
　もう一つのパターンは、**6thの音**であるF♯がもう一歩足を伸ばして「G（7th／第7音）」まで到達するパターンです。

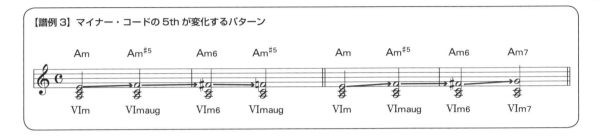

【譜例3】マイナー・コードの5thが変化するパターン

✓ ② Am − Am△7 − Am7 − Am6

　メジャー・コードのときと同様、こちらも「**Rootが半音**」で変化していくパターンがあります。ベースが動いていくパターンの方がよく使われます。

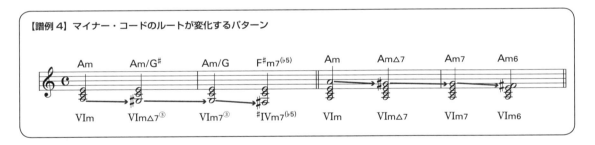

【譜例4】マイナー・コードのルートが変化するパターン

　さて、ここまで代表的なクリシェのパターンを見てきましたが、実はスタンダード曲の中には一見クリシェとは気付きにくいのですが実はクリシェなのでは？　と思わせるものがあります。
　※コード・トーン右上の丸数字は、転回形を表わしています（③の場合は、第3転回形）。

✓ ③クリシェのように思えるコード進行

　拙著『実践！やさしく学べるオーケストラ・アレンジ』でもとりあげた名曲「いつか王子様が (Someday My Prince Will Come)」の冒頭に「B♭△7 － D7(♭13) － E♭△7 (key in B♭)」という動きがあるのですが、わかりやすくKey in Cに直すと「C△7 － E7(♭13) － F△7」になります。

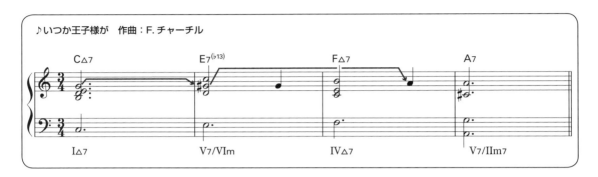

　このE7(♭13)は今までの知識で分析するとセカンダリー・ドミナント「V/VIm」と解釈するのが妥当です。しかし、行き着く先はIV度の「F△7」なのです。確かに、セカンダリー・ドミナントでも「偽終止」は可能なので、必ずしもAmに行かなくても良いのですが、このE7(♭13)の構成音に注目してみると「E、G♯、B、D、C」となっています。
　テンションの♭13thであるCは、通常は根音 (Root) に成り得ないのですが、頭を柔らかくして「Root」にしてしまいましょう。

　これを並べ替えてみると「C、E、G♯、B、D」！
　そうです。何と「C△7(♯5/9)」というコードになるではありませんか！！

　もう一度整理してみると「C△7 － C△7(♯5/9) － F△7」です。これは「C － Caug － C6」という、この節の冒頭 (P.30) に出てきたクリシェにそっくりです。「お化粧とアクセサリー」で相当オシャレになっていて、わかりづらいですが…。
　F△7も並び替えれば「C、E、F、A」で、F音が入っているにしても、C6に近い形であることは確かです。

　コード・ネームやコード進行だけを見て分析するよりも、最初に「響き」を聴いたときの「**直感**」で捉えた方が「腑に落ちる (納得できる)」こともあるのです。理論はあくまで「**後付け**」であるということを常に肝に銘じなければならないのですね。

第2章 STEP6 トニック・ディミニッシュ (Tonic Diminished)

ディミニッシュ・コードとは？

本書を手に取られている皆さんには、おそらく説明は不要だと思われるので、ディミニッシュ・コードについての「基本的な部分」は割愛しますが、念の為に確認です。

「ディミニッシュ・コードは何種類ありますか？」

答えは「**3種類**」です。一応、コード・ネーム上では12種類あるのですが、ディミニッシュ・コードは4つの構成音の「**音程が全て均等**」なので、響きの面からみると転回しても性格が大きくは変わらず、「Cdim、C♯dim、D♯dim」の3種類に集約できます。

① 　Cdim ＝ E♭dim ＝ F♯dim ＝ Adim
② 　C♯dim ＝ Edim ＝ Gdim ＝ B♭dim
③ 　Ddim ＝ Fdim ＝ A♭dim ＝ Bdim

※ジャズでは通常「4和音」を使用しますので、あえて「dim7」と表記しないことが多いです。

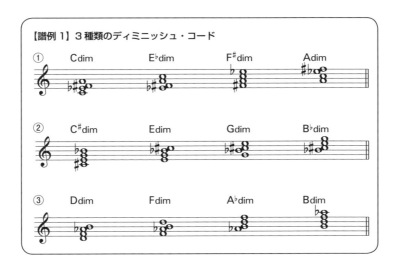

【譜例1】3種類のディミニッシュ・コード

Cdimから始めて、ディミニッシュ・コードのままRootを「C→C♯(D♭)→D」と半音ずつ上げていくと、E♭dimのところで、結局は「**Cdimと構成音が同じ**」になることに気付くはずです。

このディミニッシュ・コードですが、クラシックの和声学では「**短調のV9の和音**」の「**根音省略形**」として登場します。ん〜、言葉がややこしいですね。

G7を例にあげると「G、B、D、F、A♭（※）」の構成音のうち、根音であるGを取り除いたものという解釈です。

つまり、「B、D、F、A♭」となり、コード・ネームでいうとBdimになります。

※マイナー・キーなので「9th（A）」は「♭9th（A♭）」になる。

という訳で、ディミニッシュ・コードは「ドミナント7thコード（♭9）」とほぼ「**同じ**」であるとも考えられるのです。

トニック・ディミニッシュ（Tonic Diminished）

さて、本題のトニック・ディミニッシュですが、国内外の「コードに関する理論書や書籍」を眺めてみても、具体的にとりあげられていない（ゼロではないですが）、もしくは詳しく説明されていないことが多い、ちょっと変わった技法なのです。

「和声の微妙な変化を楽しむ」という意味では、前に紹介したクリシェに似ているのですが、例えばCメジャー・キーで「C」というトニック・コードがあった場合、それを敢えてCdimに「**置き換えてしまう**」というのが、その方法です。

ジャズ・スタンダードでこの技法が使われている曲はいくつかありますが、代表的なものに「Stella By Starlight（星影のステラ）」（作曲：ヴィクター・ヤング）があります。元々は「呪いの家」（1944）というホラー映画のために作曲されたものなのですが、そのあまりにも美しいメロディとハーモニーは多くの名演奏を生んでいます。

ヴィクター・ヤング（Victor Young／米・1899-1956）は偉大な作曲家で、「エデンの東」、「80日間世界一周」等の映画音楽や、ジャズ・ピアニスト、ビル・エヴァンス（Bill Evans／米・1929-1980）の名演で有名な「My Foolish Heart（愚かなり我が心）」、「When I Fall in Love（恋に落ちたとき）」等も彼の作品です。作曲家つながりで曲を探してみるのもなかなか面白いですよ。それでは、「Stella By Starlight（星影のステラ）」原曲の冒頭のコード進行を見てみましょう。

この曲は、ジャズでは一般的にB♭メジャー・キーで演奏されますが、「Cメジャー・キー」に移調してあります。

この冒頭のCdimは、本来C△7を付けるのが自然です。しかし、「ホラー映画」ですから、やはり「おどろおどろしさ」を出さなくてはなりません。

そこで、「**同じルートを持つディミニッシュ・コード**」の「Cdim」を使ってみようという大胆な発想です。これで落ち着かない方は2小節目で「C△7」に解決(resolve)しても良いかもしれません。

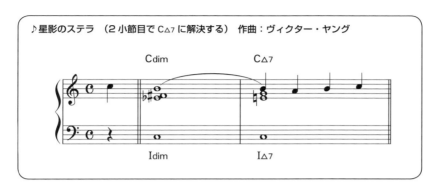

この用法を「**トニックの部分にディミニッシュを使う**」ことから「**トニック・ディミニッシュ**」と呼ぶのです。

トニック・ディミニッシュの応用

さて、ここからが応用のお話になります。先程、ディミニッシュ・コードは「**ドミナント7thコード(♭9)とほぼ、イコールである**」と説明したのを覚えていますね。つまり、ディミニッシュ・コードは「**何らかのドミナント7thコードに置き換える**」ことができるのです。ジャズマンは本当にひねくれていますね(笑)。「置き換えたもの」をさらに別のものに「置き換える」という…。でも、これが「ジャズの面白さ」なのです。

✓「ディミニッシュ・コード」を「ドミナント7thコード(♭9)」へ置き換える

Cdimを例に取ると、構成音から4つのドミナント7thコード(♭9)の可能性が考えられます。皆さんも一緒に考えてみましょう。

ヒントとしては先程、BdimがG7(♭9)とほぼ同じですよ、と説明したのを覚えていますか(P.34 譜例2)？ Bdimのルート「シ(B音)」はG7にとっては3rdの音ですね。ではCdimのルート、ド(C音)は「**何のドミナント7thの3rd**」になりますか？

答えはA♭7です。

さらに、他の構成音についても同じように考えてみましょう。Cdimの構成音は他に「E♭(D♯)、F♯(G♭)、A」がありますが、それぞれを「3rd」とした「ドミナント7th(♭9)」のコードを考えれば良いわけです。逆算をしなくてはならないので、頭の体操みたいですね。答えは右記の通りです。

【図1】ディミニッシュ・コードの置き換え

(3rd音)	(ドミナント7thコード)
・C	→ A♭7
・E♭(D♯)	→ B7
・F♯(G♭)	→ D7
・A	→ F7

この結果から、Cdim＝「A♭7、B7、D7、F7」という公式が成り立つのです。

【譜例3】をご覧ください。異名同音（エンハーモニック）があるので少し分かりづらいですが、各コードの上部の構成音は全てCdimですね。

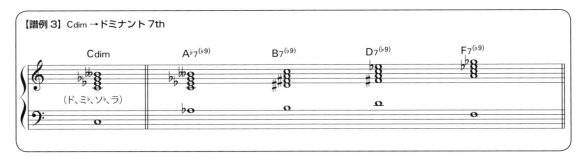

この中で興味深いのはF7です。

Cdimは元々Cを置き換えたものです。それがF7にも置き換えられるということは「C－F7」という進行もありうる訳です。おや、これはどこかで見た進行ですね。そう、ブルース（Blues）です。

Cを少し変形してC7にしてしまえば、「C7－F7－C7（I7－IV7－I7）」というブルース進行も「トニック・ディミニッシュ」の一種なのでは？と思えてきます。先述の「クリシェ」の発想にも似ていますね。

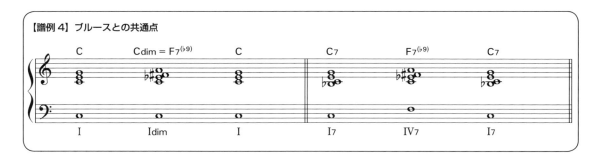

ただ、トニック・ディミニッシュとして使う場合には、優先順位のようなものがあります。

✅ **トニック・ディミニッシュで優先的に使用するドミナント7thコード**

これは少し複雑な話なので「ん〜、分からん」という方は読み飛ばして頂いても構いませんが、まず「Cdim」を「3和音（Triad）」にします。「C、E♭、G♭」ですね。さらに先程の「B7、D7、F7、A♭7」も3和音に直して「共通音の個数」を比較してみましょう。

★3和音Cdim（C、E♭〈D♯〉、G♭〈F♯〉）との共通音の個数

　○B　　→　2つ（E♭〈D♯〉、F♯）
　△D　　→　1つ（F♯〈G♭〉のみ）
　△F　　→　1つ（Cのみ）
　○A♭　→　2つ（C、E♭）

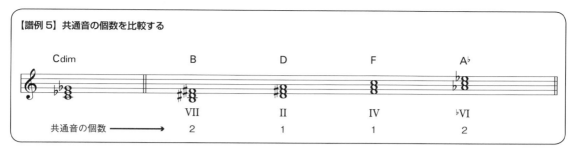

【譜例5】共通音の個数を比較する

この結果、「BとA♭」の優先順位が高いと言えます。

さらに、絞り込まれたこの2つのうち共通音の個数は同じですが、ベースラインに注目すると「C」と半音で繋がる「B」の方が、より「微妙な変化」を表現するのに向いていると言えます。また、覚えるのにもこちらの方がラクです。なぜなら、「**トニック・ディミニッシュは半音下のドミナント7thコード**」に置き換えやすい、と覚えれば良いのですから。それでは、3和音を元の「ドミナント7thコード」に戻してみましょう。

- Cdim = B7
- E♭dim = D7
- F♯dim = F7
- Adim = A♭7

ちょうどP.35【図1】をずらした形になっているの気づきましたか？ これがディミニッシュ・コードの不思議なところですね。

少し、遠回りになりましたが先程の「星影のステラ」の冒頭のトニック・ディミニッシュを「ドミナント7th」であるB7に置き換えてみましょう。

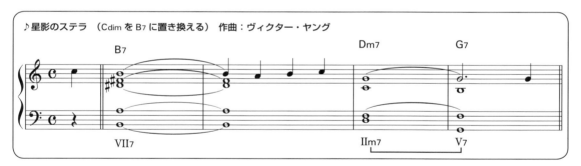

♪星影のステラ （Cdim を B7 に置き換える）　作曲：ヴィクター・ヤング

念の為、B7がC△7に解決するパターンも確認しておきます。

♪星影のステラ （B7 にから C△7 に解決する）　作曲：ヴィクター・ヤング

いかがですか？

Cdimがいかにもホラーという雰囲気だったのに対し、B7は少し軽快な感じになりましたね。

トニック・ディミニッシュ・ケーデンス (Tonic Diminished Cadence)

　ここまで、トニック・ディミニッシュについて深く考えてきましたが、これにより新たな「ケーデンス」の可能性が見えてきました。少し整理してみましょう。
　これまでに学んできたのは以下の3つです。

①V7 − I△7 (G7 − C△7) ……………………… 通常のタイプ。トライトーン・サブスティチューション (♭II7 − I (D♭7 − C△7) etc.) は、このタイプのヴァリエーションです。

②IVm7 − ♭VII7 − I△7 (Fm7 − B♭7 − C△7) ……… サブドミナント・マイナー・ケーデンス (SDM)

③V7 − VIm7 (G7 − Am7) ……………………… 偽終止 (ディセプティブ・ケーデンス)

　これにもう一つ、以下のケーデンスが新たに登場したことになります。

④VII7 − I△7 (B7 − C△7)

　この④のことを「**トニック・ディミニッシュ・ケーデンス** (Tonic Diminished Cadence)」と呼びます。他のトニック・ディミニッシュである「D7 (II7)」、「F7 (IV7)」、「A♭ (♭VI7)」から「C△7 (I△7)」への進行ももちろん可能です。

☑ トニック・ディミニッシュ・ケーデンスの分割

　トニックの部分でCの代わりにCdimを使い、さらにその代理でB7も使えるというところまではお分かり頂けたでしょうか？　実は、まだ先があります。それはドミナント7thコードの「**ツー・ファイヴ (IIm7 − V7) 化**」です。

　つまり、B7を分割し「F♯m7(♭5) − B7 (♯IVm7(♭5) − VII7)」に変えてしまうということです (Cメジャー・キーなのでF♯m7はハーフ・ディミニッシュ (♭5) にした方が自然です)。

　これを「星影のステラ」で試してみましょう。元々、Cであった箇所をCdimに変え、さらに「ドミナント化」したのがB7なので、必ずしも「Cへの解決」は絶対条件ではありません。
　「星影のステラ」の場合は冒頭2小節が「トニック・ディミニッシュ」なので、大胆にF♯m7(♭5)とB7を1小節ずつ使って分割してしまいましょう。

「B7→Dm7」への流れが意外にも「自然に繋がる」のが驚きですが、これも「ゼクエンツ効果（※）」ですね。
※「IIm7－V7」等の同じパターンのコード進行を繰り返すこと。

聴く側としては、「IIm7－V7」の形が連続すると「**コード2つずつ**」をひと固まりとして認識しやすいので、「F#m7(b5)－B7」、「Dm7－G7」とキリが良く聴こえるのです。

前回、CdimはB7の他に「D7、F7、Ab7」にも変えられると説明しましたが、これらも全て「ツー・ファイヴ（IIm7－V7）化」できます。C△7に解決した場合、これらは全て「トニック・ディミニッシュ・ケーデンス」と呼ばれます。

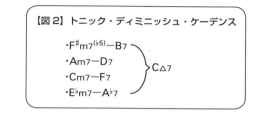

他に、どんな曲で「トニック・ディミニッシュ・ケーデンス」が使われているか少し見ていきましょう。

✓ トニック・ディミニッシュ・ケーデンスの使用例

1つ目は、こちらも元は映画「The Fleet's In」の挿入歌として作られた「アイ・リメンバー・ユー（I Remember You）」、作曲：ヴィクター・シャーツィンガー（Victor Schertzinger／米・1888－1941）です。

セッション等では通常、Fメジャー・キーで演奏されます（譜例はCメジャー・キーへ移調）。

「星影のステラ」と同じくトニックであるC△7をCdimに変化させていますが、1小節目と3小節が原型のC△7なので、Cdimがちょうど「サンドウィッチの具」のように見えますね。

さて、これをトニック・ディミニッシュ・ケーデンスに変えてみましょう。B7の「ツー・ファイヴ分割」を2小節目にはめ込んでみます。

Cdimがストレートに悲しさや恐怖を表すのに適しているのに対し、「F#m7(b5)－B7」は直接的でない分、「憂い」を秘めた響きになります。

もう一曲は、「サウンド・オブ・ミュージック」や「王様と私」等、数多くのミュージカル、映画音楽を作った巨匠リチャード・ロジャース (Richard Rodgers ／米・1902 － 1979) の作品「スプリング・イズ・ヒア (Spring is Here)」です。ちなみにR.ロジャースの作品は、他にも「私のお気に入り (My Favorite Things)」、「マイ・ファニー・バレンタイン (My Funny Valentine)」等、多くの曲がジャズ・スタンダードとして演奏され続けています。

　さて、「スプリング・イズ・ヒア」ですが、元のコード進行は「Cdim － C6 － Cdim － C6」(Cメジャーキーの場合) と正に「トニック・ディミニッシュ漬け」です。

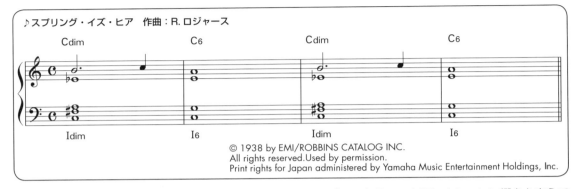

　これをドミナント7th化やトニック・ディミニッシュ・ケーデンスを使い、大胆にオシャレに響きを変えて演奏したのが、先程も紹介したピアニスト、ビル・エヴァンスです。これまで、トニック・ディミニッシュの実用例ではB7しか出てきませんでしたが、エヴァンスは、「A♭7、F7」を使っています (注：掲載している譜例はKey Cですが、演奏の原曲キーはA♭です)。

　「芸が細かい」とはこのことです。本当に恐るべきリハーモナイズです。以下を確認してみてください。

①Cdimの代理でA♭7を使い、C6に進行する際、ベースラインがスムーズになるように「C6の第二転回形」(C6/G) にしている。
②3小節目のCdimでは代理のF7を使い「ツー・ファイヴ化」しているが、「IIm7」にあたる部分で通常のリレーテッドの「Cm7」ではなく「サブコード (裏コード)」の「F#m7(♭5)」(P.29参照) を使い、ベースを半音進行させている。
③最後の着地もしっかりC6を「第一転回形 (C6/E)」にしているため、曲のアタマからベースラインを追っていくと「A♭－G－F#－F－E」とクロマチック (半音階) になっている。

　「スプリング・イズ・ヒア」という曲は邦訳では「春が来た」という題名ですが、歌詞をよく読むと「春が来たけれど…(私の心は弾まない)」という切ないバラードなのです。そんな複雑な心境を表現したオリジナルの「トニック・ディミニッシュ」も素晴らしいですが、それをさらに「繊細」にリハーモナイズしたビル・エヴァンスは「見事」としか言いようがありません。ただし、「原型」を留めていないくらいの「過激なリハーモナイズ」でもあるので、しっかりした意図、曲の雰囲気と合っているものでない場合は、かえって「曲の良さ」を壊しかねません。本当に、美しさと醜さの「紙一重」のところを狙った「名人芸」と言えます。

第2章 STEP 7 パッシング・ディミニッシュ (Passing Diminished)

ディミニッシュ・コードのもう一つの用法は「**パッシング・ディミニッシュ**」です。こちらの方は「**隣り合うダイアトニック・コード同士を連結する**」という役割があります。パッシング・ディミニッシュには2種類の使い方があります。

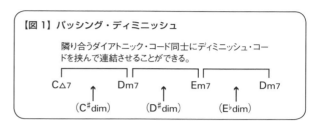

【図1】パッシング・ディミニッシュ
隣り合うダイアトニック・コード同士にディミニッシュ・コードを挟んで連結させることができる。

①セカンダリー・ドミナント ………… 上行形（#Idim・#IIdim・IIIdim・#IVdim・#Vdim）
②トニック・ディミニッシュの転回形 …… 下行形（♭IIIdim・#IVdim）

上行形のパッシング・ディミニッシュ

①の上行形は、セカンダリー・ドミナントの「ドミナント7th(♭9)」の「**根音（ルート）省略形**」と解釈できます。

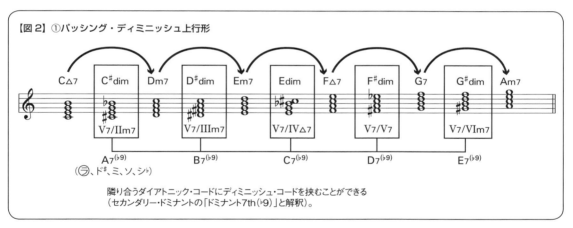

【図2】①パッシング・ディミニッシュ上行形
隣り合うダイアトニック・コードにディミニッシュ・コードを挟むことができる
（セカンダリー・ドミナントの「ドミナント7th(♭9)」と解釈）。

この中に「#VIdim (A#dim)」→「VIIm7(♭5) (Bm7(♭5))」という進行を含めていないのは、VIIm7(♭5)がトニックと成り得ない「ハーフ・ディミニッシュ・コード」なので、一般的ではない（用例が少ない）からです。ただし、サウンドとして決して使えない訳ではありません。

下行形のパッシング・ディミニッシュ

P.41②の下行形は「**トニック・ディミニッシュの役割**」と解釈できます。

パッシング・ディミニッシュを「ドミナント・コード」と考えた場合、もう一つは「トニック・ディミニッシュ」＝VII7（＝I）として扱うことになり、「♯IVdimと♭IIIdim」がよく使われます。

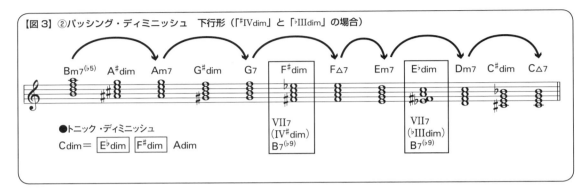

【図3】②パッシング・ディミニッシュ　下行形（「♯IVdim」と「♭IIIdim」の場合）

下行形の場合はその他に、「半音関係で滑らかに繋ぐこと」が目的であり、機能にこだわらない用例もあります。この場合は、「**全てのダイアトニック・コード**」の間にディミニッシュ・コードを挟んでも構いませんが、「♭VIIdimと♭VIdim」に関しては「A7(♭9)－Am7」、「G7(♭9)－G7」という、同じルートを持ったコード同士を「分割した」と捉えることも可能です。

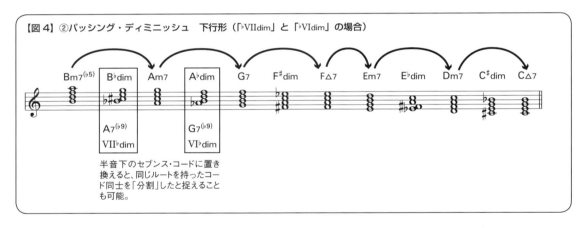

【図4】②パッシング・ディミニッシュ　下行形（「♭VIIdim」と「♭VIdim」の場合）

半音下のセブンス・コードに置き換えると、同じルートを持ったコード同士を「分割」したと捉えることも可能。

また、一般的に「IIm7→I△7」の間にコードを挟む場合は♯Idimではなく「♭II7（SubV7、**裏コード**）」を使った方が効果的です。

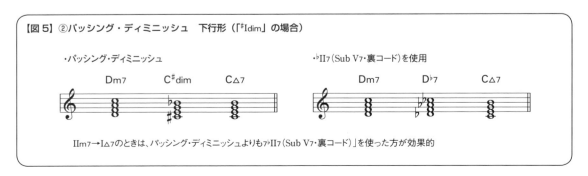

【図5】②パッシング・ディミニッシュ　下行形（「♯Idim」の場合）

・パッシング・ディミニッシュ　　　　・♭II7（Sub V7・裏コード）を使用

IIm7→I△7のときは、パッシング・ディミニッシュよりも♭II7（Sub V7・裏コード）」を使った方が効果的

パッシング・ディミニッシュを使った曲

最後に一曲、パッシング・ディミニッシュを使った楽曲の例をご紹介します。

アメリカの権威ある賞である、エミー賞（テレビ関連の映像音楽に関するもの）とアカデミー賞を受賞した作曲家、ジミー・ヴァン・ヒューゼン（Jimmy Van Heusen／米・1913－1990））の「イット・クッド・ハップン・トゥ・ユー（It Could Happen To You）」です（一般的な演奏KeyはE♭メジャー）。この曲はI度から始まり、半音のディミニッシュを挟みながら階段状に上がっていく、お手本のような曲です。

また、応用として上行形のディミニッシュはセカンダリー・ドミナントの機能を持っていますので「IIm7－V7」に分割することもできます。テーマではディミニッシュで演奏し、アドリブになったら「IIm7－V7」に変換して演奏するということもよく行なわれます。

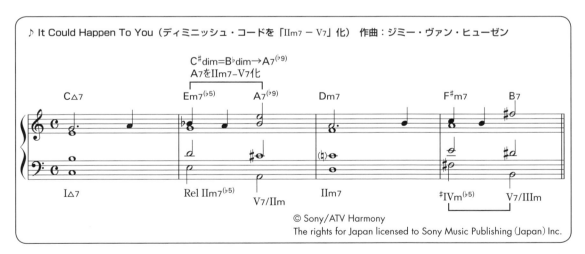

ジミー・ヴァン・ヒューゼンの曲には他に、「バット・ビューティフル（But Beautiful）」や「ライク・サムワン・イン・ラヴ（Like Someone in Love）」、「水玉模様と月の光（Polka Dots and Moonbeams）」やフランク・シナトラ（歌手、Frank Sinatra／米・1915－1998）の歌唱で有名な「カム・フライ・ウィズ・ミー（Come Fly With Me）」等、ジャズ・スタンダードになった曲がたくさんあります。

第2章 STEP8 ブルース（Blues）

皆さんが「ジャズ理論」を学ぶ目的は色々あると思いますが、本質的な部分で意識して頂きたいことはたった2つだけです。

①ダイアトニック・エリアの拡大（Extended Diatonic Area）
　楽曲が元々持っていた「キー」や「コード進行」を尊重しながらも、「代理コード」や「借用和音」等を駆使して楽曲の持つ魅力や可能性を拡大すること。そして、いかに「新しい響き」を追求していくかがジャズの目指すところです。

②ブルース・フィーリングの表現（Blues Feeling）
　ジャズ（JAZZ）は黒人の持つ「ブルース（Blues）」と白人社会で生まれた「西洋音楽（いわゆる機能和声）」の両方が揃って初めて成立する音楽です。
　「セカンダリー・ドミナント」や「トライトーン・サブスティチューション」で、なぜ調性をわざわざ歪めていくのか。それは、実は「西洋音楽の音」を使っていかに「ブルース」を表現するのか懊悩した結果なのです。
　メジャー・スケールをフラットやシャープさせるということは、それだけ「他のメジャー・キー」や「マイナー・キー」へ近付くことになり、一つのスケールでは表現しきれない「感情やムード」を作り出します。

　ここまでに学んできたのはどちらかというと、①の「ダイアトニック・エリアの拡大」に関してでしたが、この章では「ブルース（Blues）」の一般的な形式やスケールを通して、いかに②の「ブルース・フィーリングの表現」を実現するかの「土台の部分」を述べていきます。

Blue（ブルー）とは？

　人間の感情というのは複雑なので、簡単に分類をしてしまうのは乱暴なことですが、大きく分けると「幸せ、嬉しい（Happy）」と「不幸、悲しい（Sad）」の2つに分かれます。

　音楽の「メジャー（Major）」と「マイナー（Minor）」という対比も、基本的にはこの2つを表すためにあるといえます。しかし、日常生活の中で「すごく感動的（幸せ）」なことや「すごく悲しい」ことが占める割合は意外に少なく、大抵の人は何となく「今日は楽しかったな」、「幸せになりたいな」、「一日疲れたな」と日々を過ごしているのではないでしょうか（毎日がHappyという方も中にはいらっしゃるかもしれませんが…）。

　そんな日常を表現したものが「ブルー（Blue）」という言葉です。

日本では「ブルーだ」と言うと、どちらかというと「悲しい」に近い表現で、「憂鬱な」と訳されることも多いのですが、ブルースのブルーは「**楽観的**」もしくは「**諦めや開き直り**」の感情も多く含んでいます。「つらいけど仕方ないか」、「今日はきつかったけど明日があるよ」という前向きな雰囲気さえ醸し出しています。

　深い悲しみ「Sad」を知り、乗り越えてもなかなか「Happy」には辿り着けないという「**やるせなさ**」が「**ブルース**」なのです。

「幸せ・嬉しい（Happy）」でも「不幸・悲しい（Sad）」でもない→「ブルー（Blue）」

ブルース形式

　ブルースには一定の形式がありますが、本来は「歌」を伴うものです。「ドラマティックな恋愛」や「人生の深い悩み」等よりは、「日常の何気ない出来事や感情の動き」を延々と歌う為の伴奏なので、形式自体はあまり複雑ではありません。どちらかというと「ループ」させるためのコード進行と言えます。

　一般的に知られる「**ブルース進行**」は下記のような12小節から成り立っています。

【譜例1】ブルース進行　Key in C

C_7	F_7	C_7	
I_7	IV_7	I_7	

F_7		C_7	
IV_7		I_7	

G_7	F_7	C_7	
V_7	IV_7	I_7	

　一応、CがキーとなるI度になっているので、「トニックの役割」をしていることは間違いないのですが、7thである「シ♭（B♭音）」が付加されたC_7なので、何とも言えない「落ち着かなさ」、よく言えば「**浮遊感**」がありますね。

　次に、IV度であるFにも「ミ♭（E♭音）」が付いて7th化されているため、先程のC_7のシ♭と合わせて響きがだいぶ「Cマイナー・キー」に寄っています。

　極めつけは9小節目の「G_7→F_7（V→IV）」という「**弱進行**（※）」で、これが「西洋音楽へのアンチ（反抗）」を感じさせます。
　※逆進行、ドミナントからサブドミナントへの進行で、クラシックの和声学では禁則とされている。

　これが、さらに「ビ・バップ（Bebop）（※）」期のジャズ・ミュージシャンによって「**複雑化**」、「**西洋音楽的**」にされたものが、現代でもスタンダードになっています。これを仮に「**ジャズ・ブルース**」と呼びます。
　※1940年代頃に生まれた、当時の先進的なスタイル。サックスのチャーリー・パーカー（Charlie Parker／米・1920－1955）やピアニストのバド・パウエル（Bud Powell／米・1924－1966）等が特に有名。

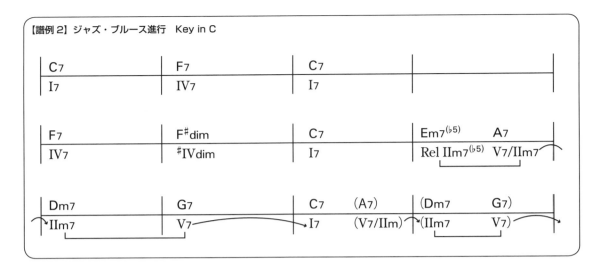

2段目のF7が「ディミニッシュ化（F7(♭9)と同じ響き）」されF#dimになり、8小節目では次のDm7へスムーズ連結するためのセカンダリー・ドミナントであるA7と、その「リレーテッドIIm7(♭5)」であるEm7(♭5)が配置されています。

3段目の特徴的であった「弱進行（V→IV）」は消え去っており、一般的な「IIm7－V7」に入れ替えられています。

11小節目のC7以降「A7、Dm7－G7」はアタマに戻るための「**ターン・バック**（Turn Back）」と呼ばれます。主にサックスやトランペット等の管楽器が主役のジャズでは、♭系の楽曲が好まれるため、一般的には「Fブルース」や「B♭ブルース」がよく演奏されますので、皆さんもキーを移調して練習してみてください。

演奏の仕方について

セッションではスタンダード曲と同じように、「イントロ（またはカウント）」→「テーマ」→「アドリブ」→「テーマ」→「エンディング（省略可）」と順番に演奏しますが、原則として「アドリブ」の部分はトランペットやサックス等の「管楽器（フロントとも言う）」からスタートして、次がピアノ、その次がベースと続きます。

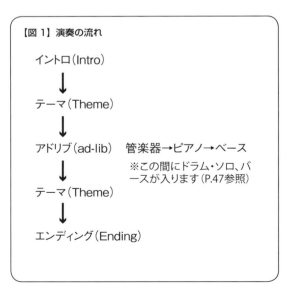

【図1】演奏の流れ

少しマニアックな話になりますが、テーマに戻る前に「ドラム・ソロ」や「**バース**〈Bars〉（小節線／バーの複数形）」が入ります。このバースというのは例えば、

①最初の4小節を「サックス」
②次の4小節を「ドラム」
③最後の4小節を「ピアノ」

という風に、各々が交互に演奏していくというもので、演奏の「リレー」とも言えます。

8小節刻みなら「**8（エイト）バース**」、4小節刻みなら「**4（フォー）バース**」と呼び、結構忙しくなりますが「**2バース**」も有り得ます。

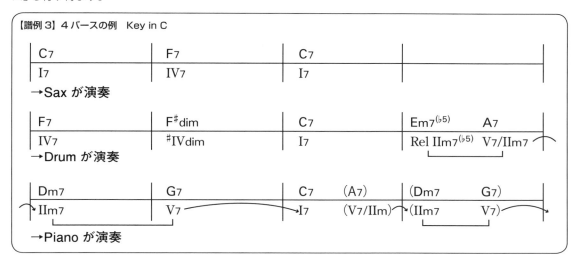

ブルー・ノート・スケール

ブルースに近付くためのもう一つの大きな要素、それが「**ブルー・ノート・スケール**（Blue Note Scale）」です。下記の【図2】からお分かりの通り、メジャー・スケールともマイナー・スケールとも異なる独特のスケールになっていて、一種のモード（旋法）とも言えるでしょう（モードについてはP.114参照）。見た目はマイナー・スケールに近いですが、イメージとしては、メジャー・スケールの「**3rd、5th、7th**」が不安定にやや低く歌われるという感じです（ディグリーネームで「♭III、♭V、♭VII」）。

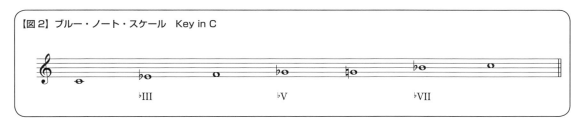

ピアノでは上手く表現できない音なのですが、本来は半音（1/2）よりも、もっと狭い「**全音の1/4（クォーター・トーンと呼ばれる）**」程度の変化を歌います（声はもちろん、管楽器や弦楽器なら表現可能です）。

また、ブルー・ノートは使われ方によって、「明るい感じ～暗い感じ」の色彩の調整が可能であり、メジャー・スケールから「♭VII音」→「♭III音」→「♭V音」の順番で変化させていくと「暗さ」が増していきます。

ブルースの面白さは、Cメジャー・キーの中に「いつでもこのBlue Noteを使用できるところ」にあります。

Cのコードを弾いているのにメロディはE♭を弾く場合、当然「ミ(E音)」と「ミ♭(E♭音)」がぶつかり不協和が生まれますが、これがブルースを感じさせるのです(Cを7th化してC7にした場合は、「ミ♭(E♭音)」は#9thというテンションとも解釈できます)。

最後にブルース(Blues)の楽曲をひとつ紹介しましょう。
ブルースは基本的には同じコード進行なのですが、数え切れないほどの「テーマ」が作曲されています。これは、ジャズマンにとってブルースがいかに「大きな存在」であるかの証拠とも言えるでしょう。

この曲「ブルーモンク(Blue Monk)」(Key in B♭)の作曲者セロニアス・モンク(Thelonious Monk／米・1917-1982)は独創性溢れる音楽をたくさん作り出しました。
他にも「ラウンド・アバウト・ミッドナイト(Round About Midnight)」や「ルビー・マイ・ディア(Ruby, My Dear)」等があり、多くのミュージシャンに愛奏され続けています。

●その他のBlues楽曲
・バグス・グルーブ(Bag's Groove) ……………… (in F) 作:ミルト・ジャクソン(Milt Jackson)
・Cジャム・ブルース(C Jam Blues) ……………… (in C) 作:デューク・エリントン(Duke Ellington)
・ナウズ・ザ・タイム(Now's The Time) ………… (in F) 作:チャーリー・パーカー
・ストレート・ノー・チェイサー(Straight, No Chaser) …… (in F) 作:セロニアス・モンク

マイナー・ブルース

　ブルースは基本的に「メジャーの世界」に「陰影」を付けたものと考えられるのですが、その独特のコード進行をマイナー・キーにも応用することができます。ただし、マイナー・キーは元から「暗さ」を持っているので、それほどBlueを際立たせる効果はなく、一種のヴァリエーションと考えても差し支えありません。気を付ける点としては、「**ブルー・ノート・スケールの選択**」が挙げられます。

✓ 使用するスケールの選択

　例えば、Cマイナー・ブルースのときは、どの「ブルー・ノート・スケール」を使えば良いでしょうか？　調号から考えるとE♭メジャー・キーと同じ「♭3つ」なので、「E♭ブルー・ノート・スケール」が適用されるようにも思いますが、**これは誤り**です。

　先程、ブルースはある種の「モード（旋法）」であるというお話をしましたね。分かりやすくCメジャー・キーで考えてみましょう。モードは「トニック (Tonic) の中心 (Center)」、簡単にいうと「**I度がどこにあるのか**」が非常に重要です。「調性 (Tonal) の中心 (Center)」ではありません。

　Aマイナー・キーとCメジャー・キーは同じ音階が使われ、調号（♭や♯の数）も同じなので「**調性の中心 (Tonal Center) はC**」で、同じになります（ここも「メジャー（中心）主義」で考えています）。

　しかし、Aマイナー・キーはI度がAに変わってしまうので「**トニック (I度) の中心**」は、ずれてしまいますね。

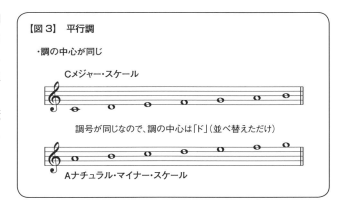

【図3】　平行調
・調の中心が同じ
Cメジャー・スケール
調号が同じなので、調の中心は「ド」（並べ替えただけ）
Aナチュラル・マイナー・スケール

　後半で出てきますが、モーダルな音楽の「Dドリアン」、「Eフリジアン」、「Fリディアン」というスケールも皆「Cメジャー・キー（アイオニアン）」と同じ音階を持っていますが、だからといってそれらのI度をCにずらしてしまったら、「Dドリアン」、「Eフリジアン」、「Fリディアン」の世界観を表現できなくなってしまうのです。

　「Cの表と裏の世界」であるC（メジャー）ブルース、Cマイナー・ブルースを表現するには、あくまでも「**トニック・I度がCであること**」が重要になるのです。

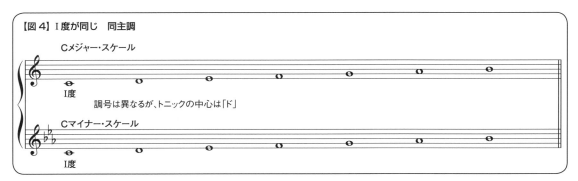

【図4】I度が同じ　同主調
Cメジャー・スケール
I度
調号は異なるが、トニックの中心は「ド」
Cマイナー・スケール
I度

　やや難しいお話になりましたが、結論としては「**Cマイナー・ブルースにもCブルー・ノート・スケール**」を使えば良いのです。

次にマイナー・ブルースのコード進行例を挙げておきます。こちらも様々なヴァリエーションがあるので、あくまでも一つの例と考えてください。

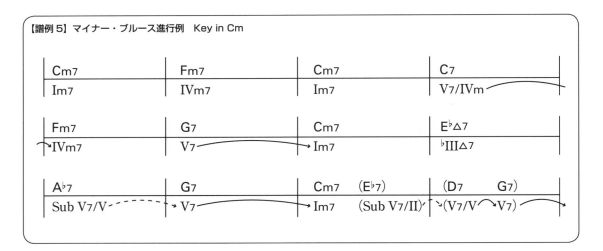

以下に、マイナー・ブルースの曲も紹介しておきましょう。

●マイナー・ブルースの楽曲
・イスラエル（Israel） ……………………（in Dm）　作：ジョン・キャリシ（John Carisi）
・ミスター・PC (Mister.P.C) ………………（in Cm）　作：ジョン・コルトレーン（John Coltrane）
・ストールン・モーメンツ（Stolen Moments）…（in Cm）　作：オリヴァー・ネルソン（Oliver Nelson）
・ファイブスポット・アフター・ダーク（FiveSpot After Dark）…（in Bm）　作：ベニー・ゴルソン（Benny Golson）

第2章 STEP9 モジュレーション（Modulation、転調）

移調（Transposition）と転調の違い

「転調」と「移調」の違いがよく分からないという方が多いのですが、それは専門家の中でも「定義」があいまいなままだからです。ここでは私なりの見解も含めて「違い」を説明していきます。

実は、移調と転調は目的が全然違うものなのです。

✓ 移調の目的

まず移調ですが、通常は「あるKey（調）」での「メロディやハーモニー（コード進行）」を、音程関係や長さをそのままにして機械的に「他の調に移すこと」をいいます。

主な例としてはカラオケの「キー設定」がありますね。
キー（調性）を変えるので、当然「使われる音」は変わりますが「メロディの長さや音程関係」、「コード進行の相対的な流れ（例えばIIm7－V7－I等）」は一切変わりません。それこそ寸分の違いも無く移されます。
歌手の声域（歌いやすいかどうか）のために歌伴（伴奏）のピアニストがKeyを変えて伴奏したり、ジャム・セッションで「曲のKey」を変えて演奏するのも「移調」です。
※これは私見ですが本来、楽曲には「オリジナルのKey」ならではの魅力がある為、安易な移調は避けるべきです。

✓ 転調の目的

それに対して転調というのは「曲の流れ」を変えたり、「場面」を展開するのが目的なのでKey（調）を変えると同時に「新たなメロディやコード進行」を「一定の長さ」で提示する必要があります。

転調の見分け方

転調を見分けるためには、やはり一定の基準を知らなければなりません。先程の内容を整理すると以下のようになります。

●転調の条件
　別の新しいKey（調）が確立されること（Establishing New Key）
　　　　　　　　＋
　別の新しい「終止形（Cadence）・コード進行」、メロディ（Melody）の一定の「時間・長さ（Duration）」での提示

それでは、具体的に例を挙げてみましょう、皆さんも一緒に考えてみてください。

《例題》
次のQ1～Q3のコード進行は「転調した」と言えるでしょうか？

・Q1： C△7 ｜ A7 ｜ Dm7 ｜ G7 ｜ C△7 ｜

《ポイントと解説》
　これは少し簡単過ぎましたが念の為、解説を加えると「A7－Dm7」で確かにDマイナー・キーのケーデンスが登場していますが、最終的にC△7に帰結していますね。
　このA7はあくまでセカンダリー・ドミナントの「V7／IIm」で一時的な借用和音です。

(解答はP.142に)

・Q2： C△7 ｜ Fm7／B♭7 ｜ Em7 ｜ A7 ｜ Dm7 ｜ G7 ｜ C△7 ｜

《ポイントと解説》
　こちらも2小節目で「Fm7－B♭7」のツー・ファイヴ（IIm7－V7）が「E♭メジャー・キー」への転調を匂わせますが、その後の流れをみるとCメジャー・キーの中の「**SDM（サブドミナント・マイナー・ケーデンス）**」だと分かりますね。

(解答はP.142に)

・Q3： C△7 ｜ Gm7／C7 ｜ F△7 ｜ Dm7 ｜ G7 ｜ C△7

《ポイントと解説》
　2小節目～3小節目でFメジャー・キーを確立したかのようにも見えます。が、しかし5小節目以降を見るとやはり「Cメジャー・キー」に戻ってきています。
　Fメジャー・キーに滞在する時間が短いために、結局このF△7はCメジャー・キーのIV度に聴こえます。つまり、その前の「Gm7－C7」は「Rel IIm7－V7／IV」となる訳です。もう答えはわかりますね？

(解答はP.142に)

《まとめ》
　こうやって見ていくと「こじつけ」のようにも感じてきますが、その疑問はあながち見当違いでもないのです。なぜならば、ジャズではできるだけ「**転調とみなさない解釈傾向**」があるからです。
　演奏の際にコロコロと転調していては、ただでさえ複雑な「アドリブフレーズ創作」において混乱しますし、サウンドの統一感も無くなります。できるだけ「**一つのKey**」と捉えて解釈し、それを押し通した方がやりやすいからとも言えるのです。

　ただ、一つ言えるのは「新しい世界（Key・Melody・Harmony）」に行き、「前の世界（Key・Melocy・Harmony）」を「**忘れるくらい**」まで曲が変わってしまったら、それは「**転調した**」と言えます。

実際の曲で転調しているのかを見極めよう

次に、実際の楽曲分析を通して「転調」したかどうかを考え、感じてみましょう。

✓ 実例1「What's New」

参考楽曲はバラードの名曲「ホワッツ・ニュー（What's New）」、作・ボブ・ハガート（Bob Haggart／米・1914-1998）からの抜粋です。

「What's New ?」というのは「最近どう？」くらいの親しい者同士の気軽な挨拶の言葉で、この曲では「かつての恋人」に街で偶然出会った時の状況や、そのほろ苦い心境を歌っています。

「ニューヨークのため息」と称されたジャズ歌手のヘレン・メリル（Helen Merrill／米・1930－）や、ジャズ・ポピュラー等、幅広いジャンルで活躍した歌手、リンダ・ロンシュタット（Linda Ronstadt／米・1946－）の歌唱（2人とも女性）が特にオススメです。機会があったら是非、聴いてみてください（オリジナルも「Key in C」です）。

それでは、とりあえずコード進行の分析をしてみましょう。掲載の都合上、長くなりすぎるので、原曲のリピート記号は省略していますので予めご了承ください。

皆さんは必ず、最初は「自分の力」で解いてみてから解答を確認するようにしてください。まずは、「Key（調）」を判断し、「ピュア・ダイアトニックを探す」のが先決でしたね。

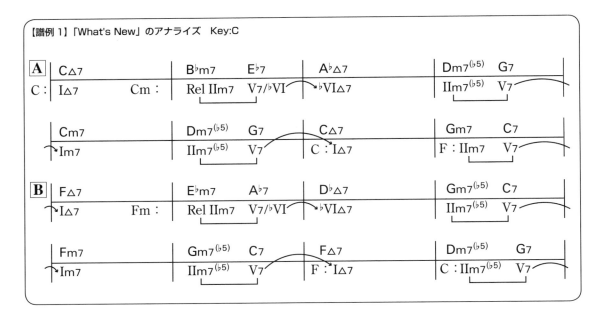

　メジャーとマイナーの世界が入り混じったような、とても不思議なコード進行の曲ですね。一応はメジャー・キーの曲なのですが、「**マイナーの世界**」が占める割合が多いような気もします。

　ちなみに「6～7小節」でマイナー・キーの「Dm7(♭5) － G7（IIm7(♭5) － V7）」がメジャー・キーのトニックであるC△7に解決していますが、これを「**ピカルディ終止**（ピカルディの3度）」と呼びます（他、P.21参照）。
　この呼び名の由来は、中世ヨーロッパのフランス北部「ピカルディ（Picardie）地方」の作曲家が愛用したという説が有力ですが、この手法を端的に言ってしまえば「**短調の曲の終止のI度（トニック）を長調の和音にする**」ということです（3度というのは「3rdの音」の意味です）。

　J.S.バッハを始めとしたバロック期の音楽家のみならず、最近のポップスでも探してみると意外に多く使われている手法で、何となく「暗い闇から抜け出して、最後に希望の光が見える」ような清々しい気持ちになるコード進行です。

☑「What's New」は途中で「**転調**」した？　していない？

　旧来の「理論書、楽典」であれば、十中八九が「Yes！（転調した）」と答えるでしょう。なぜなら、Cメジャーの曲が B の部分で明らかに「Fメジャー」に変わっているからです。そして、その解釈はとても常識的とも言えます。しかし、私は敢えてこれに「No！」と反対意見を述べます（転調したという意見を全否定はしませんが…）。

　参考までに、先程の「**転調の条件**」と照らし合わせてみましょう。

●転調の条件
　①別の新しいKey（調）が確立されること（Establishing New Key）
　　　　　　　　＋
　②別の新しい「終止形（Cadence）・コード進行」、メロディ（Melody）の一定の「時間・長さ（Duration）」での提示

Bの部分で明らかに「①別の新しいKeyの確立」は達成されていますね。これは私も異論はありません。しかし、②になると疑問が湧くのです。なぜなら、Bの部分はAの「単なる平行移動」、「焼き直し」に過ぎないからです。そう、そっくりそのまま「**移調**」しただけなのです。

　転調についてもう一つの「見分け方」をお伝えしたのを覚えていますか？（※）
※「新しい世界 (Key ／ Melody ／ Harmony)」に行き、「前の世界 (Key ／ Melody ／ Harmony)」を「**忘れる**」くらいまで曲が変わってしまったら、それは「転調した」といえる。

　この曲は「前の世界」であるAを「新しい世界」（になるはず）であるBにおいてもまだ、引きずっているのです。つまり、「忘れ切れていない」ということなのです。作曲者のボブ・ハガートが、これを意識したのかどうかは定かでは無いですが、「別れた元・恋人」への忘れきれない想いや未練（まるで演歌の世界ですが）をメロディやコード進行だけでなく、「**移調**」で表現した見事な作品と言えますね。
※その他の部分は「一時的な転調」や「借用和音」という解釈になります。時間、長さ (Duration) が短いためです。

✓ 実例2「Have You Met Miss Jones?」

　次に、もう一曲見てみましょう。R.ロジャース作曲の「ジョーンズ嬢に会ったかい？（Have You Met Miss Jones?）」を紹介しましょう。この曲は1937年のミュージカル「I'd Rather Be Right」の挿入歌です。こちらも原曲の「Key in F」のままで、リピート部分は省略しています。

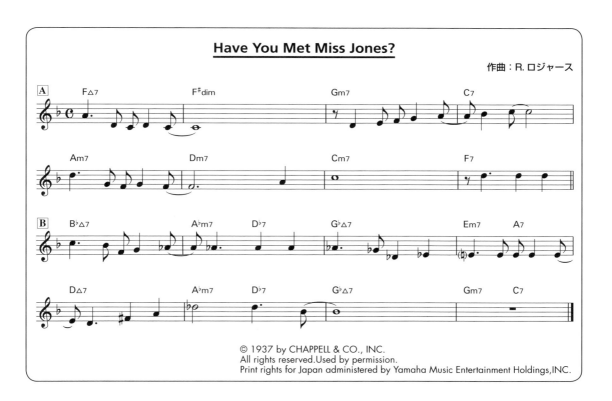

✅ 「Have You Met Miss Jones?」は途中で「転調」した？　していない？

分析が少し難解な曲ですが、挑戦してみましょう。

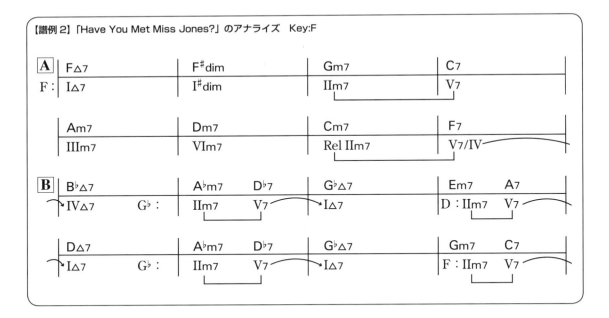

ⒶとⒷでは同じようなメロディ展開とリズムを使っていますが、Ⓑの部分ではFメジャー・キーから見て遠隔調である「♭II度調（ナポリの調という）」のG♭メジャー・キー、3度近親調であるVI度調のDメジャーと目まぐるしく展開していきます。

「部分転調」の連鎖のようなコード進行なのですが、それぞれのユニットでケーデンスが完結しているのと、Ⓐの「Fメジャー・キーの世界、8小節」が次のⒷではもう響いていないという理由で、こちらは**「転調した」**と言えるのではないでしょうか。

「転調したか否か」は線引きが難しいときもあるのですが、数多くのジャズ・スタンダードを聴いた経験から大雑把な感覚論を言うと、以下のように言えます。

- ♭系（調号に♭が増えていく方向）への変化　………転調ではないことが多い（SDM等）
- ♯系（調号に♯が増えていく方向）への変化　………転調になっていることが多い

この「ジョーンズ嬢に会ったかい？」は、どちらかというと♭系への変化が目立つので、Ⓑセクションを大きく「Fメジャー」と捉えることもできるのですが、「遠隔調（Key F→Key G♭は♭が4つも増える）」への動きなので、やはり「転調していない！」と言い張るのは少し無理があるような気がします。

転調のテクニック

この節では、実際に楽曲を使って「転調」の見分け方を学んできましたが、では具体的にどのような手法があるのかをお話ししていきましょう。転調の方法は、大まかに分けて「3つ」の方法があります。

①前のKeyと関連性なしに、いきなり転調する方法（Direct Moduration）
②ピボット・コードを使って転調する方法（Pivot Moduration）
③ドミナント・コード（V7、ツー・ファイヴ等）を経由して転調する方法（Transitional Moduration）

✅ ①「Direct Moduration」の例

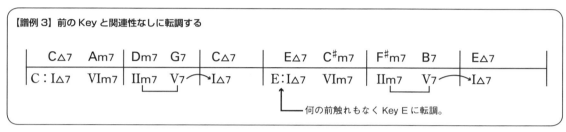

【譜例3】前のKeyと関連性なしに転調する

Cメジャー・キーから何の前触れもなく（Go To New Key Without Notice）、いきなり（突然）Eメジャー・キーに転調しています。聴く者に「新しい曲が始まったかのような」新鮮さを与えます。

✅ ②「Pivot Moduration」の例

【譜例4】転調する前と後で、共通のコード（ピボット・コード）を使用して転調

ピボット（Pivot）とは扇、蝶番（ドアの開閉部分についている金具）の意味を持ちます。両方とも「**中心軸**」があり、大きく開いていくというイメージは同じですね。上記ではBm7(♭5)が「**ピボット・コード**」です。

・「Bm7(♭5)」はCメジャー・キーでは「VIIm7(♭5)」である
・Aメジャー・キーでは「IIm7(♭5)」にあたる

この結果、まるで「**2つのKeyを繋ぐ架け橋**」のような役目を果たしているのが分かると思います。

このピボット・コードを使った転調は、ジャズ・スタンダードの中でも多く使われています。2つほど紹介しましょう。

✓ ピボットコードを使った実例

まず、最初の譜例はジャズ界の「帝王」マイルス・デイヴィス（Miles Davis／米・1926-1991）の演奏でも有名な「イフ・アイ・ワー・ア・ベル（If I Were A Bell）」（作曲：フランク・レッサー（Frank Loesser）から、中間部の抜粋です。

全体的なコード進行もとても面白い曲なので、機会があれば一曲を通して研究することをオススメします。
4小節目のBm7(♭5)がピボット・コードで、Fメジャー・キーにとっては「Bm7(♭5)、♯IVm7(♭5)（転回するとVIm6）」、一時転調先のAメジャー・キーにとってはIIm7(♭5)にあたります。

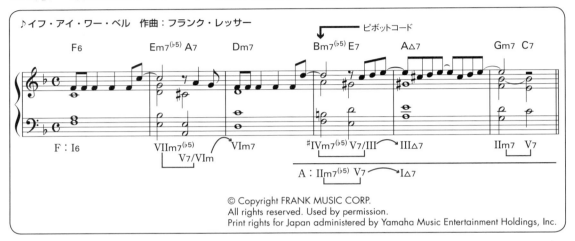

2曲目は「マイナー・クリシェ」+「ピボット・コード」を使った転調の好例で、サックス奏者、ベニー・ゴルソン（Benny Golson／米・1929 - ）作曲の「ウィスパー・ノット（Whisper Not）」です。

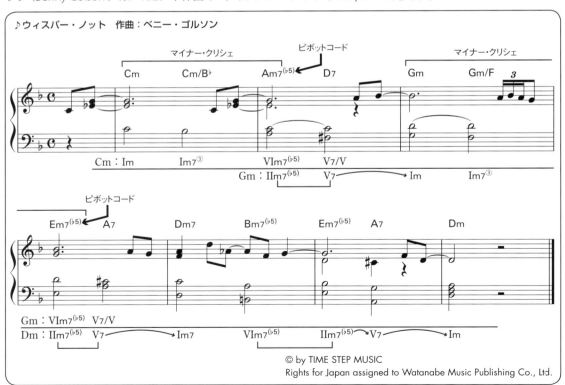

この曲のKeyは一応Dマイナーですが、「**マイナー・クリシェ**」と「**ピボット・コード**」を連鎖させてCマイナー・キー、Gマイナー・キーを股にかけた大胆な構成になっています。

✓ ③「Transitional Moduration」の例

【譜例5】ドミナント・コードを経由して転調する

C△7	D7	G7	C7	F7	B♭7	E♭7	A♭△7	B♭m7
C: I△7	V7/V	V7	V7/IV	V7/♭VII	V7/♭III	V7/♭VI	A♭: I△7	IIm7

ちょうど、「サイクル・オブ・5th」のあの円形をたどるかのように、音の重力に任せてCメジャー・キーから「A♭メジャー・キー」へ到達していますね。C7からは分析の都合上、セカンダリー・ドミナントとして表記してありますが、これだけ連続してしまうと調性的な意味は薄らぎ、ある種の「通過点」のように感じます。

このように、本来は「セカンダリー・ドミナント」であるものが3つ以上連鎖するものを「**エクステンデッド・ドミナント**(Extended Dominant)」と呼びます。念の為ですが、エクステンデッドとは「拡張・延長された」という意味です。

---

column 循環コードとリズム・チェンジ

ジャズというと「難解」というイメージを持たれている方が非常に多いのですが、実は現在のロックやポップスにもジャズの要素はたくさん使われています。

クラシック音楽でさえ、近代(1900年代前半)にはジョージ・ガーシュウィン(George Gershwin／米・1898-1937)が登場し、ヨーロッパの作曲家達に多大な影響を与えました。また、元々「ジャズ」という難しい音楽がある訳ではなく、「民謡」や「ミュージカル・映画音楽のテーマ曲」等、大衆に親しまれてきた音楽をジャズという「フィルター」を通して演奏しているものが大半なので、一種の「編曲・アレンジもの」ともいえるのです(例外的にジャズマンが「アドリブや演奏技術」を競うために自分達で作った云わば、「ジャズ専用曲(※)」というものもあります)。

※アルト・サックス奏者、チャーリー・パーカー作の「コンファメーション」、「ドナ・リー」等)。

さて、そんな「ジャズ」の要素の中で、ポップスやロックでも「よく使われている」、または「使える」ものを紹介します。

・「循環コード」と「逆循環コード」

```
: I — VIm7 — IIm7 — V7 — IIIm7 — VIm7 — IIm7 — V7
(key:C   C — Am7 — Dm7 — G7 — Em7 — Am7 — Dm7 — G7)
```

俗に、「**イチ・ロク・ニー・ゴー**」や「**循環**」と呼ばれるパターンで「C－Am7－Dm7－G7」を繰り返すのが原型なのですが、2回目はヴァリエーションで「I」を同じトニックの機能を持つ代理コード「IIIm7」に変えてあります。おしまいの「G7」がアタマの「C」に戻るとエンドレスで繰り返すことが可能です(アドリブの練習にも最適)。→P.60に続きます。

また、この「C（Em7）− Am7 − Dm7 − G7」をさらに「C（Em7）− Am7」、「Dm7 − G7」の２つのユニットに分け、これを「Dm7 − G7」「C（Em7）− Am7」と入れ替えるパターンもよく使われ、「**ニー・ゴー・イチ（サン）・ロク**」や「**逆循環**（通称：ギャクジュン）」と呼ばれます。

$$:IIm_7 - V_7 - I\,(IIIm_7) - VIm_7$$
（Key：C　Dm7 − G7 − C（Em7）− Am7）

ジャム・セッション（初対面の人達がいきなり曲を合奏することも普通）のときには、「イントロ（前奏）」を即興で作らなくてはならないのですが、定番の「イントロ」が無い曲の場合には、この「循環・逆循環コード」を活用する場面も多くあります。色々なKeyで覚えておくと便利かもしれません。

・**リズム・チェンジ（Rythm Change）**

この循環コードが使われているジャズの代表曲はガーシュウィンの「アイ・ガット・リズム（I got Rhythm）」で、この曲のコード進行を使って「オレオ（Oleo）」、「リズム・ア・ニング（Ryhthm A Ning）」等、多くの曲が作られています。このコード進行は「アイ・ガット・リズム」の「コード・チェンジ」、略して「**リズム・チェンジ**」とも呼ばれます。次に譜面を挙げておきますが、代理コード等を使ったヴァリエーションもたくさんあるので、皆さんも色々と試してみてください。この曲は原曲のKey（B♭）のまま載せておきます。

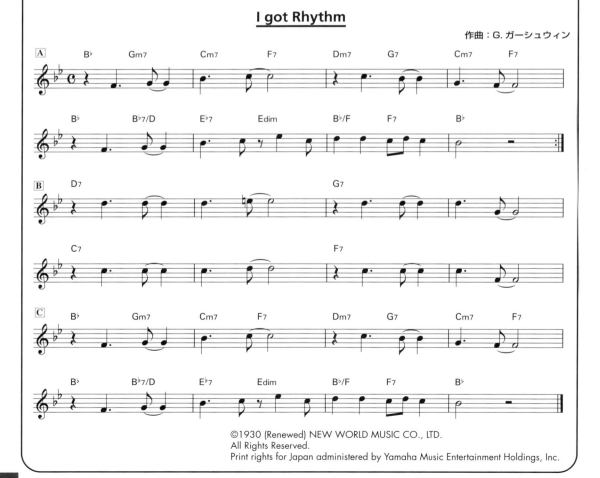

I got Rhythm

作曲：G. ガーシュウィン

©1930 (Renewed) NEW WORLD MUSIC CO., LTD.
All Rights Reserved.
Print rights for Japan administered by Yamaha Music Entertainment Holdings, Inc.

第3章

スケール、テンション編

Practice! Ultimate jazz theory to learn in earnest

第3章 STEP1 メロディック・マイナー (Melodic Minor)

スケール (Scale) とテンション (Tension) について

　これまでの章で、既にたくさんの譜例や楽曲を見てきましたが、ここでもう一度基本に立ち返り、「コード」や「スケール」がどのように成り立っているのかを考えてみましょう。

　音楽を分析する際に考えなくてはいけないことは大きく分けると「**たったの2つ**」です。「**タテのライン（コード／ハーモニー）**」と「**ヨコのライン（メロディ／スケール）**」、別の言い方をすると「**垂直方向（Vertical）**」と「**水平方向（Horizontal）**」とでもいいましょうか。【譜例1】にそれぞれのイメージを楽譜に書いてみました。

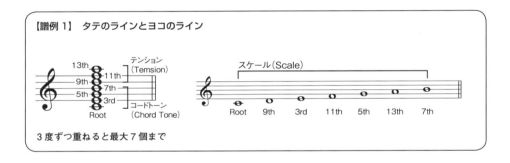

【譜例1】　タテのラインとヨコのライン

3度ずつ重ねると最大7個まで

　まず、「タテのライン（垂直方向）」についてですが、仮にCメジャーのダイアトニックの音を「3度ずつ」重ねて行くと最大7個まで積むことが可能です。8個目で2オクターブ違いの「ド（C音）」、つまり一周して同じに戻ります。

　下から順に「Root（根音）-3rd－5th－7th」までを「**コード・トーン（Chord Tone）**」と呼び、そこから上の部分の「9th－11th－13th」を「**テンションノート（Tension Note）**」、または「**テンション（Tension）**」と呼びます。

　次に、「ヨコのライン（水平方向）」を見てみましょう。先程、出揃った音たちをお互いが「2度」の関係になるように並べていくと「**スケール（Scale）**」ができます（スケールとは元々「モノサシ（物差し）」の意味）。ここまでは皆さん大丈夫ですね？

✓ 驚きのスケールの数、そこから導かれる究極のスケール

ここで突然ですが、質問です。

「スケールは一体、何種類あるでしょうか？」

ん〜、メジャー・スケール、ナチュラル・マイナー・スケール、ハーモニック・マイナー・スケール、コンディミ（コンビネーション・オブ・ディミニッシュ・スケールの略）とかいうのも聞いたことがあるな〜、ホールトーン（全音音階）もそうかな？　アラビアや沖縄音階とかも入るのかな…。

普段、こんなことを真剣に考えることは恐らく少ないでしょうから、ここで皆さんも計算してみてください。

●音の組み合わせで、いくつスケールがあるのかを計算してみる

12音（全ての音）の並べ方を考えると、いわゆる「現代音楽（無調）」の「12音技法」を想起しますが、「12×11×10…×3×2×1＝479,001,600通り（4億7千万以上！）」になります。これだと気が遠くなるような数ですが、「調性音楽」では一般的に「**7音のスケール**」を使うので、「12音の中から7音を選ぶ」ことにしましょう。しかし、計算してみるとこれでも、まだ3,991,680通り（400万弱）の可能性があることが分かります。

では、もう少し単純化して「重複分」（同じ音が使われているもの）を除いて「**使われる音の組合わせ**」のみに集中してみましょう。

本来は「ド、レ、ミ、ファ、ソ、ラ、シ（アイオニアン、メジャースケール）」と「レ、ミ、ファ、ソ、ラ、シ、ド（ドリアン）」を区別するべきなのですが、「音の組み合わせ」に絞って考えるともう少し「スケール」を限定できるはずです。

例えば「ド、レ、ミ」の3音で考えた場合、「ド、レ、ミ」、「ド、ミ、レ」、「レ、ド、ミ」、「レ、ミ、ド」、「ミ、ド、レ」、「ミ、レ、ド」の6通りありますが、よく見ると「**同じ音の組み合わせ**」なので、これを「**1通り**」と考えるということです。

以上の方法で先程の「12音の中から7音を選ぶ」で試してみると、792通りまで減らすことができました。計算式は以下の通りです。

【図1】12音の中から7音を選ぶ

$$\frac{12 \times 11 \times 10 \times 9 \times 8 \times 7 \times 6}{7 \times 6 \times 5 \times 4 \times 3 \times 2 \times 1 \text{（重複分）}} = 792 \text{通り}$$

しかし実際は、極端な例を挙げると「ド、ド♯、レ、ファ、ファ♯、ソ、シ」や「レ、レ♯、ミ、ファ♯、ソ、ラ♯、シ」というような音階は弾いてみてあまり使える気がしませんね。

もう少し汎用的なスケールのみに絞れないかと考えていくと、次の「3つの条件」を当てはめる必要がでてきます。

●スケール（Scale・音階）条件

①全音、半音の組み合わせで成り立つ（Use Of Half Step、Whole Step）
②7音で構成される（7Tones）
③半音が連続しない（No Consecutive Half Step）

①と②に関してはこれまでも考えてきましたが、重要なのが③「半音が連続しない」という部分です。
連続した半音が入ってしまうと、「ド、ド♯、レ、レ♯、ミ、ファ…」というような「**半音階**」もありになってしまいますし、音階全体のバランスが崩れます。また、半音の連続は「経過音」や「装飾音」のように感じてしまうため、汎用的な「スケール（Scale）」には成り得ません。

上記の条件を踏まえてもう一度考えてみると、驚くべき結果が出るのです。まず、半音関係を「**x**」、全音関係を「**y**」とします。

【図2】

半音（Half Step）　＝x
全音（Whole Step）＝y

次に、音階を7音で構成させるために「x+y」を「7」にしなくてはいけません。また、「半音の連続」はナシなので、全音関係の数を「2倍」にします。こうすることで、「半音の連続」は含まれなくなります。

【図3】

$x+y=7$
$x+2y=12$

$$\begin{array}{r} x+2y=12 \\ -)\ x+\ y=7 \\ \hline 0+y=5 \end{array}$$ →つまり$y=5$、$x=2$

つまり、「x（半音）が2つ、y（全音）が5つ」になるスケールが、探し求めていた「**究極のスケール**」になる訳なのです。そして、先の条件を全て満たすスケールの名は…、

・私たちに最も馴染み深い「メジャー・スケール」
・満を持して登場する「メロディック・マイナー・スケール」（旋律的短音階）

この2つです。ドリアンだのフリジアンだのオルタード等も全て、この2つのスケールどちらかの「**中心**」をずらして「**回転させているだけ**」なのです。まるで金庫のダイアルを回すかのように…。
ちなみに、クラシックではこのメロディック・マイナー・スケールは「上行形」と「下行形」に分かれていますが、下行形は「ナチュラル・マイナー・スケール」と使われる音が一緒なので、ジャズでは区別しません。下行する際も「**上行形と同様に降りて来て構いません**」。
理論書によっては、これを敢えて「**ジャズ・マイナー・スケール**」と呼んでいるものもあります。

という訳で、スケール自体は作ろうと思えば数え切れないほどあるのですが、汎用的なスケールは「**2種類**」しかないというのが、もう一つの結論になります。ここからはこの2つのスケールを重点的に見ていきましょう。

「2つのスケール」から派生するスケールたち

✓ メジャー・スケール (Major Scale)

それでは、皆さんお馴染みの「メジャー・スケール (Major Scale)」から「派生するスケール」を見ていきましょう。これらのスケール・ネームは中世ヨーロッパの「**教会旋法** (Church Mode)」の名称に由来していますが、後半で紹介する「**モーダルな** (モードの) **世界** (P.114～)」とは分けて考えてください。あくまでも「スケールの名称」として記号的に使っているということを覚えておいてください。どう異なるのかは追々説明していきますので、ご安心ください。

★ポイント
「ドリアン・モード (Dorian Mode)」と「ドリアン・スケール (Dorian Scale)」は使われる音は同じでも「別物」

それでは早速、【譜例2】を参考に名称を学んでいきましょう。覚え方のポイントとしては、必ずメジャー・スケールの「**何番目**」が「○○○**アン**」と覚えることです。そうしないと、調 (Key) が変わってしまうと全く対応できなくなってしまいます。

例えば、メジャー・スケールの2番目の音からスタートするのが「ドリアン (Dorian)」と覚えておけば、Gメジャー・スケールの「ドリアン」は「Aドリアンです」と即答できます (Gメジャー・スケールの第2番目の音は「A」ですね)。

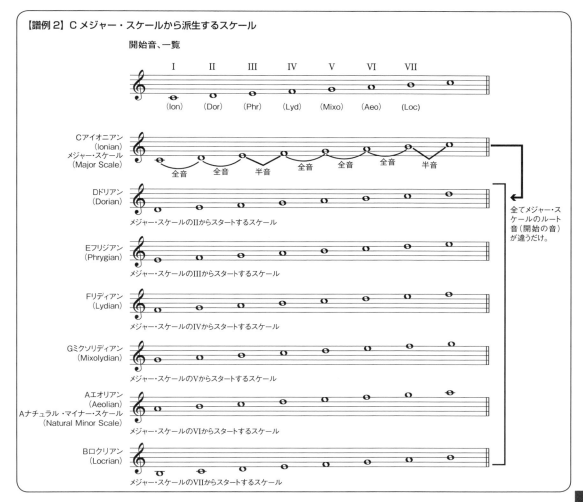

【譜例2】Cメジャー・スケールから派生するスケール

先ほどのモード・スケールは「逆算」もできるようになりましょう。例えばFドリアンは「○メジャー・スケール」に属しますか？

→答え：「E♭メジャー・スケール」

　Ⅰ〜Ⅱは「**全音**」なので、誤ってEメジャー・スケールと答えてはいけませんよ（EとFは半音です）。
　モード・スケールの「カタカナ名称」と合わせて、「出身のメジャー・スケール」を見つける方法を以下に記しておきます。

- Ⅰ、アイオニアン（Ionian） ……… そのままのメジャー・スケール。
- Ⅱ、ドリアン（Dorian）……………「全音」下のメジャー・スケール。
- Ⅲ、フリジアン（Phrygian） ………「長3度」下のメジャー・スケール。
- Ⅳ、リディアン（Lydian） …………「完全4度」下のメジャー・スケール。
- Ⅴ、ミクソリディアン（Mixolydian）……「完全5度」下、これが「Ⅴ度」になるメジャー・スケール。
- Ⅵ、エオリアン（Aeolian） …………この音が主音のマイナー・キーの「平行調」にあたるメジャー・スケール。
- Ⅶ、ロクリアン（Locrian）…………「半音上」のメジャー・スケール。

✓ そもそも「スケールの並び替え」はなぜ必要なのか？

　「転調」も無く「ダイアトニック・コードのみ」で作られたロックやポップスの曲でアドリブをする際に、たった1つのスケールだけで1曲を通して演奏するケースもよく見受けられます（Key：CならCアイオニアン・スケール）。これに対して、コードが変化するたびにスケールを変化させていくという考え方が「**アヴェイラブル・ノート・スケール理論**」です。

　例えば、「Ⅰ－Ⅵm－Ⅱm－Ⅴ7」というコード進行の場合、全てダイアトニック・コードなので、そのkeyのⅠ度メジャー・スケール一発で演奏することもできますが、「**コードに対してスケールを並び替えて当てていく**」ことで、コードとフレーズが融和し、「**より滑らかなサウンド**」を得ることが可能になるのです。つまり、「**スケールの中心**」を意識することがジャズでは特に重要になってくるのです。

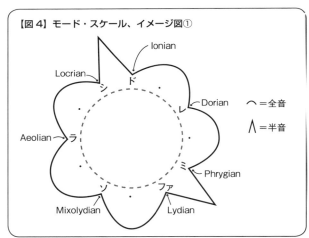

【図4】モード・スケール、イメージ図①

（例題）次のモード・スケールの「出身メジャー・スケール」を答えましょう。

- Q1：Bエオリアン　　　　→　○メジャー・スケール
- Q2：Gリディアン　　　　→　○メジャー・スケール
- Q3：Gフリジアン　　　　→　○メジャー・スケール
- Q4：F♯ロクリアン　　　　→　○メジャー・スケール
- Q5：B♭ミクソリディアン　→　○メジャー・スケール

（解答はP.142に）

✓ メロディック・マイナー・スケール（Melodic Minor Scale）

究極のスケールの2つ目は「**メロディック・マイナー・スケール**」です。メジャー・スケールと比較してみると「**3rdの音が異なるだけ**」なのですが、これで色々な可能性が広がるから不思議です。

例えば、セカンダリー・ドミナントに使える「**リディアン♭7th**」やドミナント・コードで大活躍する「**オルタード**」等のスケールも含まれているのです。

今まで、あまり意識をしていなかった方は、「メジャー・スケール」と同じくらい親しくなってください。

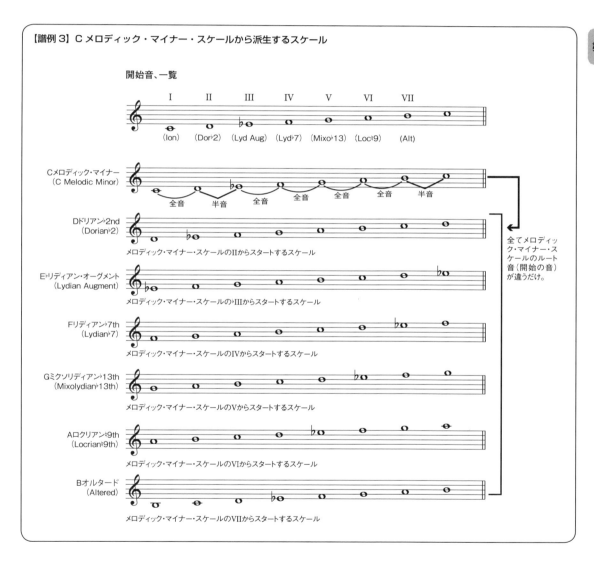

【譜例3】C メロディック・マイナー・スケールから派生するスケール

こちらのスケールも「出身のメロディック・マイナー・スケール」の見つけ方の一例を挙げておきましょう。

I、メロディック・マイナー（Melodic Minor）……… 旋律的短音階の「上行形」。
II、ドリアン♭2nd（Dorian♭2nd）………………「全音下」のメロディック・マイナー・スケール。
III、リディアン・オーグメント（Lydian Augment）…「短3度下」のメロディック・マイナー・スケール。
IV、リディアン♭7th（Lydian♭7th）………………「完全4度下」のメロディック・マイナー・スケールIの音と「II-V」の関係になる音と覚えてください（Fリディアン♭7thは、Cメロディック・マイナー。「Cm7－F7」から逆算）。
V、ミクソリディアン♭13th（Mixolydian♭13th）………「完全5度下」、これがV度になるメロディック・マイナー・スケール。
VI、ロクリアン♯9th（Locrian♯9th）………………「短3度上」もしくは、この音が主音のマイナー・キーの「平行長調」にあたるKeyの主音を持つメロディック・マイナー・スケール。
VII、オルタード（Altered）………………………「半音上」のメロディック・マイナー・スケール。Alteredは「変化された」の意味。

【注釈】
※IV …リディアン♭7thは「リディアン・ドミナント（Lydian Dominant）」。
※V ……ミクソリディアン♭13thは「メロディック・マイナー・パーフェクト5thビロウ（Melodic minor P5th below）」。
※VI …ロクリアン♯9thは「ロクリアン♯2nd（Locrian♯2nd）」、「オルタード・ドリアン（Altered Dorian）」。
※VII …オルタードは「スーパー・ロクリアン（Super Locrian）」と、それぞれ呼ばれることもあります。

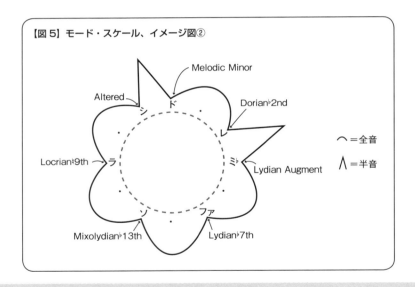

【図5】モード・スケール、イメージ図②

（例題）次のモード・スケールの「出身メロディック・マイナー・ケール」を答えましょう。

・Q1：Gリディアン♭7th　　　→　○メロディック・マイナー・スケール
・Q2：Cオルタード　　　　　→　○メロディック・マイナー・スケール
・Q3：Dロクリアン♯9th　　　→　○メロディック・マイナー・スケール
・Q4：F♯ドリアン♭2nd　　　→　○メロディック・マイナー・スケール
・Q5：B♭ミクソリディアン♭13th →　○メロディック・マイナー・スケール

（解答はP.142に）

第3章 STEP2 アヴェイラブル・ノート・スケール（Available Note Scale）

　ジャズ理論を学んでいくと、必ずぶつかる「壁」、それが「**アヴェイラブル・ノート・スケール**（Available Note Scale）」ではないでしょうか？　アヴェイラブルとは簡単に言うと「**使用可能な**」という意味です。

　アドリブで演奏をする際に、ある「コード上」において「**使用可能な音**」を探すにはどうしたら良いかを考える必要がある訳なのですが、コードの「形や名前、楽器での押さえ方」は分かったけれど「スケール理論」になると「イマイチ理解ができていない」、「何となく分かるけれど自信が無い」という方がとても多いように思います。

　では、どうすればよいのでしょうか？

☑ コードの上で何を弾く？

　まず、最も無難なのは「**コード・トーンのみ**」で演奏をする方法です。こうしていれば、音楽的に良いか悪いかは別として、少なくとも「**外れた音**」や「**コードとクラッシュ（ぶつかる）する音**」を出す可能性は「ゼロ」になります。

　しかし、現実的にそれでは演奏していて物足りないですし、スタンダード曲のオリジナル・メロディを見ても分かるとおり、「コード・トーン」から外れた音を一度も使っていない曲を探す方がかえって難しいくらいです。

　コード・トーン以外の音を使っていくことは確かに、「間違った音を演奏してしまう」リスクを増加させますが、「もう一歩先の美しさ」を追求するためには冒険精神が必要なのです。特にジャズでは「**協和と不協和の境界線**」を敢えて狙っていくような危うさを楽しむ余裕を持つくらいが丁度良いとさえ言えます。

☑ 何が正しくて、何が正しくないのかを知る

　前置きが長くなりましたが、では「間違った音」、「合わない音」とは何なのか？　基本的には、そのコードの「機能（Function）を阻害してしまう」、言い換えれば「**邪魔してしまう音**」が間違った音になります。この音のことを「**アヴォイド・ノート**（Avoid Note）」と呼びます。

　中国の古代・春秋時代の偉大な兵法家・孫子の「兵法書」の中に、「敵を知り、己を知れば百戦危うからず」という言葉がありますが、「何がいけないのか（若しくは「原則的ではないのか」）」を知っていながら演奏するのと、ただ「闇雲に音を撒き散らす」のでは出て来る「音（結果）」に「雲泥の差」があります。

　この章では、曲の「一場面」である、「コード」上において「どのように戦えば（演奏すれば）良いか」の大きなヒントを掴んで頂きたいと思います。時間をかけて、必ず音を出して確認しながら読み進めてみてください。

アヴォイド・ノート（Avoid Note）とは？

　コード（またはハーモニー）には「トニック、ドミナント、サブドミナント」のいずれかの「機能（Function）」があり、その機能を阻害してしまう音を「**アヴォイド・ノート**（Avoid Note）」と言います。

　例えば、トニックが「C△7」だと仮定すると、この場面で何の問題もなく演奏できるのはコード・トーンの「ド、ミ、ソ、シ（C、E、G、B）」になります。

　次に、残った「レ、ファ、ラ（D、F、A）」のうちレ（D音）、ラ（A音）はそれぞれテンションの「9th、13th」の音に当たるので、不協和であっても機能を阻害する音ではありません。むしろ、その不協和が魅力的でさえあります。しかし、最後に残ったファ（F音）は「**サブドミナントの代表選手**」ですから、トニックの性格を表すミ（E音）と「クラッシュ（衝突）」してしまい、大げさにいえば機能を破壊してしまいます。

例：1　トニックが「C△7」と仮定して問題なく演奏できる音とできない音
コード・トーン　　　→　ド、ミ、ソ、シ（C、E、G、B）
テンション　　　　　→　レ、ラ（D、A）
アヴォイド・ノート　→　ファ（F）

✅ C△7上で、ファ（F）はどうしてアヴォイドノートなのか？

　では、なぜ「ミとファ」はクラッシュしてしまうのか？
　参考までに、「サイクル・オブ・5th」の項で説明した「差音」、「倍音」（P.7～8参照）についての内容を、ここでもう一度おさらいしてみましょう。

　【譜例1】はC△7のダイアトニック・スケールを「タテ」に積み上げていったものなので、倍音列とは異なるのですが、「**差音**」について見てみると意外な発見があります。

　C△7の根音である「ド（260HzのC音）」と同時に「ファ（700HzのF音）」を鳴らすと、何と潜在的に「ファ（180HzのF音）」が鳴るのです。

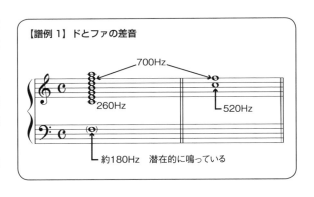

【譜例1】ドとファの差音

　右側に分かりやすくドを1オクターブ転回して520Hzにしてみましたが、「700－520＝180」で低音部譜表のファ（F）が鳴ります。仮に、そのまま「700－260」で計算すると440Hzでラ（A音）なのですが、さらに引き算をしてしまえば、「440－260＝180」と、やはりFの重力に支配されていることが分かります。

　つまり、Fを鳴らしてしまうと「**主役だったはずのC**」が「Fメジャー（「F、A、C」の一部に聴こえてしまい」、「F/C（Fの第二転回形）」のようになってしまうのです。まさか、ずっと主役だと思っていたCよりFの方が強いとは…。まるで、現在の「社長（C氏）」の影で、引退した後も会社を操り続けている「会長（F氏）」みたいで面白いですね。

✅ 捉え方によって音の見え方が違うということ

　ちなみに、この現象の探求をもっと進めたジャズ界における偉大な作曲家、音楽理論家ジョージ・ラッセル（George Russell ／米・1923-2009）は、「リディアンが本来の中心的スケール、トニックになるべきだ」という「リディアン・クロマチック・コンセプト（Lydian Chromatic Concept）」という概念・理論を提唱しました（実際には複雑で分厚くて難解な本なので、あくまで大雑把に言うと）。

　サイクル・オブ・5thを見てお分かりの通り、結局はどこを「切り出す」のかで中心は変わってきます。Cをゴールにした場合は「D－G－C」のサイクルになりますが、その先には確かにFが見えますね。

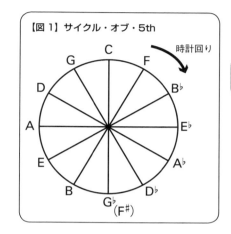

【図1】サイクル・オブ・5th

　私の大学時代の恩師である三木俊雄先生（※）の「例え」を拝借すると、これはあくまで「現在、過去、未来」のどこに重点を置くかの問題であり、「G（過去）－C（現在）－F（未来）」と捉えた場合の「現在（C）」に重点をおくのが今では一般的、または今のところ西洋音楽の古典から現在まで続く「トレンド」、「スタンダード」であるということです。

※テナーサックス奏者として著名なだけでなく、作・編曲家、バンドリーダー、講師としてもご活躍されています。

　「未来（F）」にフォーカスした「リディアン・クロマチック・コンセプト（Lydian Chromatic Concept）」は、決して気軽にスラスラ読める本ではないですし、それを教えるために正式な「ライセンス（免許）」があるくらいの複雑な理論なのですが、興味がある方は挑戦してみてはいかがでしょうか。
　本書では、あくまでも一般的な「C」が中心、「C」をゴールとした音楽世界を前提に話を進めていきます。

　ここからは各種スケールの解説に入っていきます。譜例は「Cメジャー・キー」で記されていますが、あくまでも**度数（Degree）**で覚える癖をつけてください。調・Keyの「何度」の「何番目」の音が「Avoid」になるのか、それはなぜなのか…を考えていけば、最後には必ず理解することができます。心配はいりません。

　それでは、メジャー・スケール、メロディック・マイナー・スケールの順に「アヴォイド・ノート」や「テンション」を確認していきましょう。

コード・スケールとテンションの実際（メジャー・スケール）

✅ **1. アイオニアン（Ionian）** …主に I△7 で使用

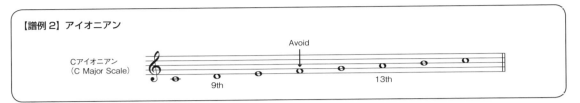

P.70【譜例1】の通り、F/C に聴こえてしまい、「トニック（Tonic）」の機能を阻害してしまうので、アヴォイド・ノートは音階の「**4番目であるファ（音）**」です。

コード・トーン以外の「レ（D音）」は「9th」、「ラ（A音）」は「13th」のテンション・ノート（テンション）にあたります。

✅ **2. ドリアン（Dorian）** …主に「IIm7」や「Rel IIm7」で使用

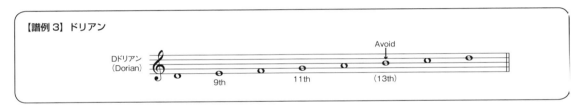

ファ（F音）とトライ・トーンを形成する「**6番目のシ（B音）**」は、ドミナントであるG7（V7）に聴こえて「サブドミナント（Sub Dominant）機能」を損なってしまうので、アヴォイドになります。ただし、ボイシングの際にシ（B音）をトップ・ノート（最上部）に持ってこなければ、13thのテンションとして使用可能です。ミ（E音）は「9th」、ソ（G音）は「11th」です。

✅ **3. フリジアン（Phrygian）** …主に「IIIm7」で使用

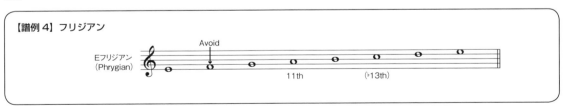

中心音（トニック〈※〉）と半音で衝突をし、同時に鳴らすと、「F△7/E」の第三転回形に聴こえてしまうので、「**2番目のファ（F音）**」がアヴォイドになります。

※Eフリジアンなら E、D ドリアンなら D のこと。

ラ（A音）は「11th」。「♭13th」にあたるド（C音）もC△7/Eに聴こえてしまうので、アヴォイドとしている理論書もありますが、「**トニックとして使われる場合**」は機能を阻害することにはならないので、使われる場合があります。

✓ 4. リディアン（Lydian） …主にⅣ△7で使用

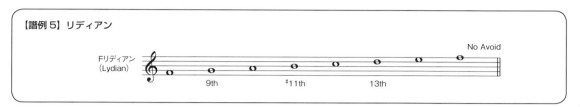

先に述べたとおり、Cメジャー・スケールにおいて4番目の音である「ファ」は「**最も強い音**（会長）」であり、そのファが「根音（Root）」であるリディアン・スケールは「**アヴォイドなし**」になります。

コード・トーン以外のソ（G音）は「9th」、シ（B音）は「♯11th」、レ（D音）は「13th」として使用可能です。

✓ 5. ミクソリディアン（Mixolydian） …主にⅤ7で使用

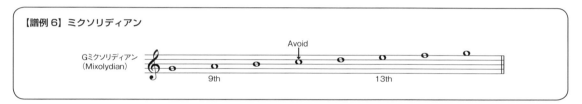

こちらは分かりやすいと思いますが、ドミナント機能を阻害する「**4番目のド（C音）**」がアヴォイドになります。

ドを鳴らすと「C/G」にも聴こえてしまいます。ラ（A音）は「9th」、ミ（E音）は「13th」というナチュラル・テンションで多用されます。

✓ 6. エオリアン（Aeolian） …主にⅥm7で使用

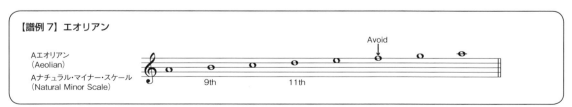

トニック機能を阻害する、「**6番目のファ（F音）**」が鳴ると、「F△7/A」（第一転回形）に聴こえてしまうのでアヴォイドされます。コード・トーン以外のシ（B音）は「9th」、レ（D音）は「11th」になります。

✅ 7. ロクリアン（Locrian）…「VIIm7(♭5)」を始め、主に「○m7(♭5)」で使える！

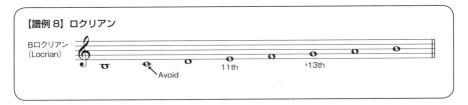

【譜例8】ロクリアン

根音（Root）と半音でぶつかる「**2番目のド（C音）**」がアヴォイド・ノートです。

また、ドが鳴ると強いF△7の影が見えてきて、シ（B音）がF△7の「♯11th」のテンションに聴こえてしまう可能性もあります。

ミ（E音）は「11th」、ソ（G音）は「♭13th」（ただし、G7と区別が付かなくなるので慎重に使う必要あり）として使えます。

一覧表を載せておきますので、確認してみてください。

【図2】メジャー・スケールから派生するモード一覧

スケール（Chord Scale）	テンション（Tension Note）	アヴォイド（Avoid Note）
I. アイオニアン	9、13	11
II. ドリアン	9、11、13	※13（トップノートは不可）
III. フリジアン	11、※♭13（Tonic 機能の場合可）	♭9
IV. リディアン	9、♯11、13	―
V. ミクソリディアン	9、13	11
VI. エオリアン	9、11	♭13
VII. ロクリアン	11、♭13（注意して使う）	♭9

コード・スケールとテンションの実際（メロディック・マイナー・スケール）

✓ **1. メロディック・マイナー・スケール（Melodic Minor Scale）** …主に「Im△7」、「Im6」等トニック・マイナーで使用

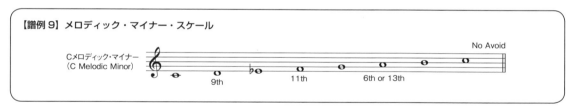

【譜例9】メロディック・マイナー・スケール

メロディック・マイナー・スケール上では、I度はCm△7、Cm6になります。

コード・トーン以外のレ（D音）は「9th」、ファ（F音）は「11th」、ラ（A音）は三和音ならCm6の「6th」として、テンションなら「13th」として扱われます。

コードを阻害する音は無いので、**「アヴォイドなし」**となります。

✓ **2. ドリアン♭2nd（Dorian♭2nd）** …「モーダルな曲」以外では使用例は少ない

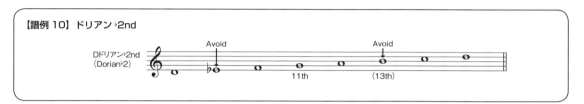

【譜例10】ドリアン♭2nd

Cマイナー・キーにおいてIImは通常Dm7(♭5)、IIm7(♭5)を使うのが一般的ですが、敢えて5thの「ラ♭（A♭）」を変化させない、Dm7を使うことも可能です。

その場合もメジャー・スケールのときのDm7と同様に、6番目シ（B音）の取り扱いには注意が必要です。つまり、**「ドミナントに聴こえないよう」**に注意を払えば、「13th」として使用可能になる訳です。

スケールの「2番目ミ（E音）（9th）」についてはマイナー・キーに合わせて「ミ♭（E♭）♭9th」になるのですが、Rootと半音でぶつかるのでアヴォイドになります。ソ（G音）は「11th」として使えます。

また、ミ♭（E♭音）とシ（B音）を同時に使った場合は、「E♭△7(#5)/D」というコードに聴こえてしまうので、やはり注意が必要です。

✓ **3. リディアン・オーグメント（Lydian Augment）** …「♭III△7(#5)」等、トニック・コードで使用

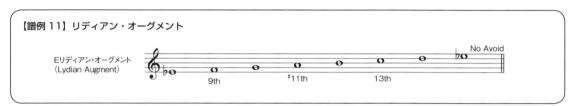

【譜例11】リディアン・オーグメント

主に、トニック・マイナーのCm△7の代理コードとして、E♭△7augを配置する場合に使われます。

コード・トーン以外のファ（F音）は「9th」、ラ（A音）は「#11th」になります。「ド（C音）（13th）」を使うと結局Cm△7になってしまうのですが、機能は同じで「阻害音」にはなりません。よって、**「アヴォイドなし」**となります。

☑ 4. リディアン♭7th (Lydian♭7th) …「Sub V7 ／○」等、「裏コード (Tritone Substitution)」で大活躍！

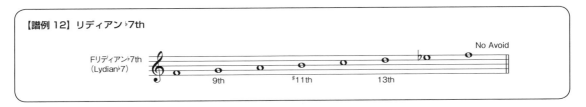

「全てのトライトーン・サブスティチューション (裏コード)」で使える魔法のようなスケールです。

詳細は後ほど解説しますが、ソ (G音) は「9th」、シ (B音) は「♯11th」、レ (D音) は「13th」としてテンションに成り得ますので、メジャー・スケールのリディアンと同様「ノー・アヴォイド」です。

また、後ほど出てくる「オルタード (Altered)」とは「増4度 (裏スケール) の関係」になります。これは重要なポイントです。

● 例

F7 (Lydian♭7th) → B7 (Altered) ……… FとBは増4度
D♭7 (Lydian♭7th) → G7 (Altered) ……… D♭とGは増4度 …etc.

☑ 5. ミクソリディアン♭13th (Mixolydian♭13th) …主に、「V7/IIm」やモーダルな曲等で使用

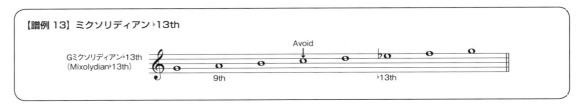

通常、マイナー・キーのV7には「ハーモニック・マイナー・パーフェクト5thビロウ (Harmonic Minor Perfect 5th Below)」(※) や「オルタード (Altered)」がよく使われるので、このスケールが使われるケースは少ないのですが、「13thだけを変化させたいという場合」に使われます。テンションは、この「ミ♭ (E♭音) (♭13th)」、ラ (A音) は「9th」です。

※ハーモニック・マイナー・スケールから派生したスケール。

ドミナントの機能を阻害する、「4番目のド (C音)」を鳴らすとCm△7/G、Cm6/Gに聴こえてしまうので「アヴォイド」されます。ただし、モーダルな楽曲ではあえて「トニック・マイナー」として「C」を積極的に活用することもあります。

このスケールをモーダルに使用した例としては、現代の巨匠、ハービー・ハンコック (Herbie Hancock／米・1940 −) 作曲の「ドルフィン・ダンス (Dolphin Dance)」の20小節目に「E♭7(♭5)/G」(Gミクソリディアン♭13thスケール) や、名トランペッターのサド・ジョーンズ (Thad Jones,／米・1923 − 1986) 作曲の「ア・チャイルド・イズ・ボーン (A Child is Born)」の2小節目「E♭m6/B♭」(B♭ミクソリディアン♭13thスケール) で使うことができます。別名で、「メロディック・マイナー・パーフェクト5thビロウ・スケール」とも呼ばれます。

✓ 6. ロクリアン♮9th (Locrian♮9th) …主に「○m7(♭5)」で使用

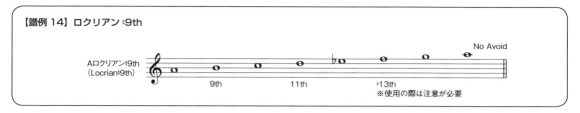

メジャー・スケールの「ロクリアン」で、アヴォイドであったスケールの「**2番目の音**(Aロクリアンだとシ♭(B♭音)」が「半音上がった」ことにより「**アヴォイドなし**」となり、「**ハーフ・ディミニッシュ（m7(♭5)）**」のコードが使われる場面で、響きの可能性を広げるスケールと言えます（譜例の場合はAm7(♭5)）。

ただ、実際にAm7(♭5)に「シ（B音）（9th）」を足して鳴らしてみると分かりますが、意外に「刺激的」な和音になるので、「ハーフ・ディミニッシュ」を何でもかんでも「ロクリアン♮9th」にするのではなく、ハーモニーの「**前後関係を耳で確かめながら使用する必要**」があります。レ（D音）は「11th」として使えます。

また、ロクリアンと同様、「**6番目（♭13th）**」の音はルートに持ってきてしまうとF7(♯11)に聴こえてしまうのでアヴォイドではありませんが、注意が必要です。

✓ 7. オルタード (Altered) …「V7」等、ドミナント7thコードで大活躍！

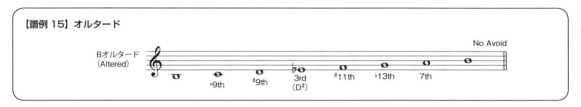

オルタード (Altered) とは「変化された」という意味です。ドミナント7thコード上で使われますので、ミ♭（E♭音）は「**B7の3rd音であるレ♯（D♯音）**」に読み替えてください。

ド（C音）は「♭9th」、レ（D音）は「♯9th」、ファ（F音）は「♯11th」、そして最後にソ（G音）は「♭13th」となり、オルタード・テンションを全て含んだスケールです。

このスケールは、**メジャー・キー、マイナー・キーを問わず「ドミナント7thコード」上で使用することができ**ます。

覚え方は先程も出てきましたが、「**半音上のメロディック・マイナー**」です。つまり、「B7」のコードで「Cメロディック・マイナー・スケール」を弾けば、Bオルタード・スケールと一緒になります。コード・トーンと半音でぶつかる音を積極的にテンションとして使っていくので、「**アヴォイドなし**」となります。

コード・スケールとテンションのまとめ

さて、これまで「アヴォイド・ノート（Avoid Note）」を阻害音として、「使ってはダメな音」のように紹介してきましたが、これはあくまで、そのコードと不協和で響きや機能を「阻害する」または、「ディス・コード（Discord）」するからダメということです。つまり、その音に「**長く留まらない**」ように注意をして使用すればよいのです。

「**経過音**」や「**刺繍音**（P.97参照）」であったり、「**比較的短い音符**」や「**速いテンポ**」では問題にならないことも多々あります。むしろ、アドリブ・フレーズを創作する際は「**積極的に取り入れていくこと**」を考えてみてください。

また、ハーモナイズする場合に工夫をすれば、アヴォイド・ノートとされている音を「**テンション**」として扱うことも可能になります。下記の譜例に書かれているコード・ネームは決して一般的な表記とは言えませんが、ひとつの目安と考えてください。

A：マイナー7thコードに「♭9th」や「♭13th」が乗っています。「A♭」の第一転回形と考えたとしてもレ♭（D♭音）は「11th」となり、やはり通常はアヴォイドです。

B：ドミナント7thコードに「11th」を使っています。sus4と「3rd（10th）」の共存とも捉えられます。
　先程のAにも言えますが、「4度堆積（4th interval build）和音」になっているのにも注目してください。

C：メジャー7thコードに「11th」を加えています。「ラ（A音）」を鳴らさないことによって、「F」の第二転回形という印象は受けにくいのではないでしょうか。ミ（E音）とファ（F音）を半音（短2度）でぶつけたり、ファ（F音）をミ（E音）よりも上方に配置しないようにするのがコツです（「短9度」を作らない）。

少し脱線しましたが、メロディック・マイナーの方も一覧表を載せておきますので、確認してみてください（P.79参照）。

【図3】メロディック・マイナー・スケールから派生するモード一覧

スケール（Chord Scale）	テンション（Tension Note）	アヴォイド（Avoid Note）
I. メロディック・マイナー	9、11、13	―
II. ドリアン♭2nd	11、13	♭9、※13（トップノートは不可）
III. リディアン・オーグメント	9、♯11、13	―
IV. リディアン♭7th	9、♯11、13	―
V. ミクソリディアン♭13th	9、♭13	11
VI. ロクリアン♮9th	9、11、♭13（注意して使う）	―
VII. オルタード	♭9、♯9、♯11、♭13	―

「このコードには、どのスケールが使えるのか」という視点を常に持つこと、また、繰り返しますがこれを「Key in C／Cm」のみならず、「12のKey（Any Key）」で読み替えても分かるようになりましょう。

ご自分の得意な楽器で「メジャー・スケール」と「メロディック・マイナー・スケール」を「12のKey」で毎日練習するのも一つの方法です。

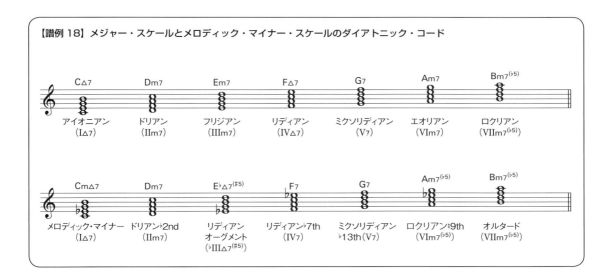

【譜例18】メジャー・スケールとメロディック・マイナー・スケールのダイアトニック・コード

🎼 アヴェイラブル・ノート・スケール（Available Note Scale）を割り出そう

　ここからは、実際のコード進行の中で具体的にどのように「アヴェイラブル・ノート・スケール」を割り出していくのかを説明していきます。

　アヴェイラブル・ノート・スケール（Available Note Scale）…その「コード（Chord）」に最も相応しいスケール

✅ アヴェイラブル・ノート・スケールを割り出すポイント

・その瞬間に起こっていること（Key Of Moment）
・機能（Function）や度数（Degree）
・メロディ（Melody）

　例えば、Dm7でも「Key in C」なのか、「Key in Dm」では役割が異なりますね。
・「Key in C」→ IIm7 …………… スケールは？
・「Key in Dm」→ Im○ …………… スケールは？

　これまでに学んだ知識を活かして「アヴェイラブル・ノート・スケール」を考えてみましょう。
　基本的にメジャー・キーの場合は素直に当てはめていけば大丈夫です。つまり、IIm7のときは「ドリアン（Dorian）」を選びます。
　マイナー・キーの場合は3種類のスケールがあるので「決定版」はないのですが、「エオリアン（Aeolian）」、「メロディック・マイナー（Melodic Minor）」等が考えられます。

　前回のおさらいになりますが、まずは基本となるメジャー・キーのアヴェイラブル・ノート・スケールを確認しましょう。

【図4】メジャー・ダイアトニック・コードのアヴェイラブル・ノート・スケール

I△7	→	アイオニアン（Ionian）
IIm7	→	ドリアン（Dorian）
IIIm7	→	フリジアン（Phrygian）
IV△7	→	リディアン（Lydian）
V7	→	ミクソリディアン（Mixolydian）
VIm7	→	エオリアン（Aeolian）
VIIm7(♭5)	→	ロクリアン（Locrian）

　I△7のときは、「**アイオニアン・スケールを使う（I△7 Takes Ionian）**」という風に覚えていってください。

　では、実際のコード進行を見て、各小節ごとの「アヴェイラブル・ノート・スケール」を考えてみましょう。分かりやすいようにKeyは「Cメジャー」にしてあります。

(**例題**）次の譜例の「各コード」におけるアヴェイラブル・ノート・スケールを答えましょう（例、○アイオニアン etc.）。

これは少し簡単過ぎたかもしれませんが、「キー（Key）」が「Cメジャー」ということが分かっていることが大前提であるところを忘れないでください。まずはキーを見極めることが大切なのです。

（解答はP.142に）

引き続きコード進行を見てアヴェイラブル・ノート・スケールを割り出してみましょう（P.82～）。先ほどとは違い一筋縄ではいきませんが、わからなくても心配は無用です。

✅ ダイアトニック・コード以外のコード（Rel IIm7）がある場合

1小節目はもちろん、「アイオニアン」ですね。また、2段目（5小節目〜）も「ドリアン、ミクソリディアン、アイオニアン」を選びます。

問題は、2小節目〜4小節目です。「Gm7－C7」というのはCメジャー・キーのダイアトニック・コードではありません。機能を分析すると、「Rel IIm7－V7／IV」になります。このような場合は、その「**コードの個性を失わず**」かつ、「**キーに合わせる**」というのが原則になります。

・個性を失わず、キーに合わせるには？

Gm7は自分が主役でIm7のときは「エオリアン（Aeolian）」を選択できますが、ここでは「Rel IIm7」という役割を演じなくてはなりません。つまり、「そのまま」では「Cメジャー・キー」に適応できないのです。そこで、スケール内の音をできる限り「**Cメジャー・スケール**」に近付けます。

シ♭（B♭音）とミ♭（E♭音）が「**はみ出ている**」部分なのですが、このうち「シ♭（B♭音）」を譲ってしまうと、Gm7ではなくなってしまいます。何せこれが「個性」なのですから。

そこで、しぶしぶ「ミ♭（E♭音）」の方を譲って、「ミ（E音）」に直します。するとこれはナチュラル・マイナー・スケール（エオリアン）の「6番目」が半音上がったことになります。つまり、**ドリアン（Dorian）**です。

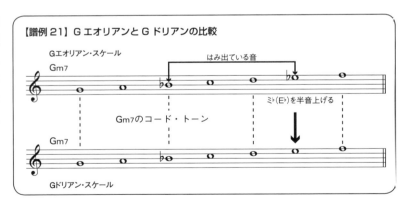

次に、セカンダリー・ドミナントのC7（V7／IV）も同様に考えると、Key in FのV度とも捉えられるので、「シ♭（B♭）」のみが変化し、**ミクソリディアン（メジャー・スケールの7番目〈♭〉）**になります。それ以外の音はCメジャー・スケールに含まれているので、変化が最小限で済みます。

残ったF△7は、IV△7なので「**リディアン**」ですね。これで一件落着となるはずですが、ここで少し視野を広げてみましょう。

・**一時的に転調した、と考える**

「Gm7–C7–F△7」の部分は、「Fメジャー・キーのIIm7–V7–I△7」にも見えないでしょうか？ F△7の長さが2小節あるので、**「一時的に転調した」**という解釈も可能になります。ここでは可能性として、Fメジャー・キーのI△7、「Fアイオニアン」を選んでもいいでしょう。メロディが無いので何とも言えませんが、**「アドリブをする場合」**は、こちらの方が自然な感じすらします。また、次のように瞬時にスケールを割り出すこともできます。

Gm7→Key in FのIIm7でGドリアン、C7→Key in FのV7でCミクソリディアン

スケール選びの際は、譜面やコード・ネームだけでなく、演奏してみて**「音楽的」**にどうなのか、**「前後関係」**等も考慮する必要があるということです。

🎼 セカンダリー・ドミナント (Secondary Dominant) のアヴェイラブル・ノート・スケール

セカンダリー・ドミナントは、基本的に他のKeyからの**「借用和音(借りてきた和音)」**なので、**「メジャー・スケールには無い音」**が必ず入っています。そして、スケールの選定に当たっては、必ず**「行き着く先(ターゲット)のコード」**の**「スケール」**を特定する必要があります。個性の部分は残したまま、それ以外の音は、可能な限り**「ターゲットのコード・スケール」**に適合させていくのがポイントと言えるでしょう。

セカンダリー・ドミナントは**「何かのV7」**なので、基本は**「ミクソリディアンから発想」**していきます。ミクソリディアン・スケールをどのように変化させ、適合させていくかを考えてみましょう。

では、「IIm、IIIm、IV、VIm」へのセカンダリー・ドミナントの**「アヴェイラブル・ノート・スケール」**を一つずつ見ていきます(譜例は**「Key in C」**です)。

✅ VI7 (V7／IIm) …A7

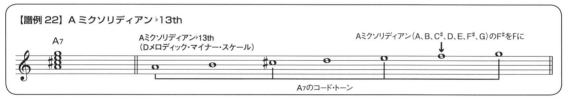

まずは「IIm7」にかかるセカンダリー・ドミナント、「VI7」です。AミクソリディアンをDm7(ドリアン)に適合させるためには、F#が「はみ出し者」になりますので、半音下げて「F」にします。このスケールは**「Aミクソリディアン♭13th」**と呼びますが並べ替えるとDメロディック・マイナーの**「第5音のA(Dから見て完全5度)」**からスタートさせたスケールにも見えるので、**「Aメロディック・マイナー・パーフェクト5thビロウ(またはダウン)」**とも呼びます。名前が長いので略記で**「AMmP5↓」**と書くこともできます。パーフェクト5thビロウという表現は慣れないうちは混乱しますが、**「目的先のメロディック・マイナー・スケール」**の**「第5音から切り取って並べ替えたスケール」**と覚えましょう。

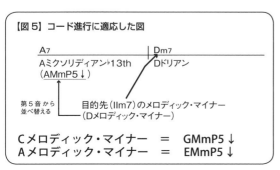

✓ VII7 (V7 / IIIm) …B7

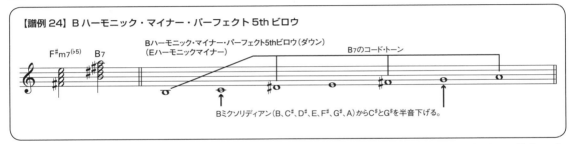
【譜例24】Bハーモニック・マイナー・パーフェクト5thビロウ

次は「IIIm7」にかかる「VII7」です。Bミクソリディアンを Em7（フリジアン）に適合させるためには「C♯、G♯」を半音下げる必要があります。また、F♯m7(♭5) は Am6（A、C、E、F♯）と同じ構成音なので、例外的に「Cメジャー・キーのダイアトニック・コード」として扱えますから F♯ はそのまま活かします。そうすると、できあがったスケールは、「E」の**ハーモニック・マイナー・スケール（和声的短音階）**を「第5音」から始めたスケールと同じです。

ハーモニック・マイナー・スケール（Harmonic Minor Scale）は、ナチュラル・マイナー・スケールの「第7音」を半音上げて「導音化」し、「ドミナント機能」を作るためのスケールです【譜例25】。

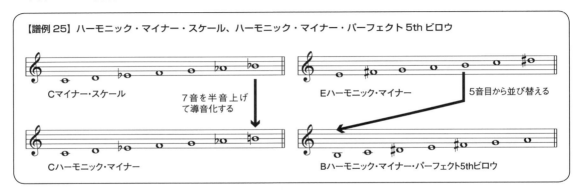
【譜例25】ハーモニック・マイナー・スケール、ハーモニック・マイナー・パーフェクト5thビロウ

P.83のメロディック・マイナーと同様に、ハーモニック・マイナーも基本のスケールの「5番目」から並び替えると「パーフェクト5thビロウ」が付きます。ですのでVII7でのスケールは、**Bハーモニック・マイナー・パーフェクト5thビロウ（またはダウン）**と呼びます。先程と同様で名前が長いので略記で「B HmP5↓」と書くこともできます（BHmP5↓＝Eハーモニック・マイナー）。

・よりジャズっぽいスケールを使う

VII7 (V7 / IIIm) では、さらに Em7（フリジアン）に近付けるために、5th「F♯」も犠牲にして、Em7の7thである「レ（D♮音）」まで加えてしまうスケールも使えます。これが、「Bオルタード・スケール」です。

目的先が「マイナー・コード」の場合によくあることなのですが、「♯9」や「♯11」のテンションが入ってくるため、よりジャズっぽい感じになります。

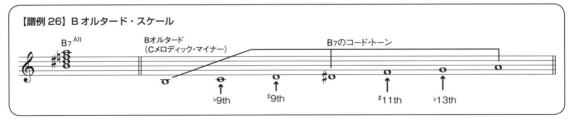
【譜例26】Bオルタード・スケール

アドリブの際は、先程の「V7 / IIm」や「V7 / VIm」でも「**敢えてオルタード・スケールを使う**」のもアリです【譜例27】。

【譜例27】「V7／IIm」や「V7／VIm」で、オルタード使う

A7	Dm	E7	Am
V7/IIm	IIm	V7/VIm	VIm
・Aミクソリディアン♭13th（AMmP5↓） ・Aオルタード・スケール	Dドリアン	・Eハーモニック・マイナー・パーフェクト5thビロウ（III7(V7/VIm)…E7参照） ・Eオルタード・スケール	Aエオリアン

✓ I7 (V7／IV) …C7

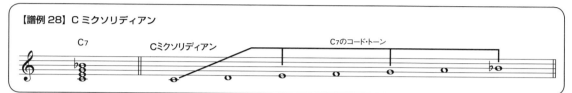
【譜例28】Cミクソリディアン

続いて「IV△7」にかかる「I7」見てみましょう。CミクソリディアンをF△7（リディアン）に適合させるために「**変更する必要がある音**」が無いので、そのまま素直に「ミクソリディアン」を使います。「シ♭（B♭音）」はC7の「7th」なので、もちろん譲れません。

✓ II7 (V7／V) …D7

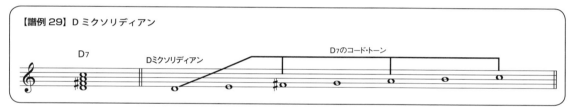
【譜例29】Dミクソリディアン

Cメジャー・キーのドミナント、V7であるG7（ミクソリディアン）を「目的先」としたドミナントであるII7（D7）を見てみましょう。セカンダリー・ドミナントの「親分」のような存在である「ダブル・ドミナント（ドッペル・ドミナント）」のアヴェイラブル・ノート・スケールも**ミクソリディアン**です。

譲れない3rdの「ファ＃（F＃音）」以外は変える必要がありません。

✓ III7 (V7／VIm) …E7

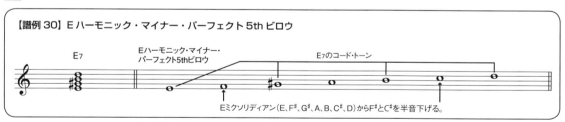
【譜例30】Eハーモニック・マイナー・パーフェクト5thビロウ

最後は「VIm7」にかかる「III7」です。EミクソリディアンをAm7（エオリアン）に適合させるためには「F＃、C＃」を半音下げる必要があります。これは、「VII7（V7/IIIm）」であるB7と同じで、2番目と6番目を半音下げた「Eハーモニック・マイナー・パーフェクト5thビロウ（またはダウン）」を使います。略記は「E HmP5↓」です。

また、マイナー・スケールは「流動的」なので、「Eミクソリディアン♭13th」＝「Eメロディック・マイナー・パーフェクト5thビロウ（またはダウン）」も使用可能です【譜例31】。

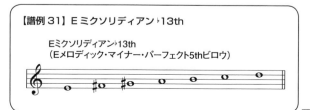
【譜例31】Eミクソリディアン♭13th

✓ セカンダリー・ドミナントでのアヴェイラブル・ノート・スケール、まとめ

ここまでの内容をまとめて一覧表にしてみました。

【図6】セカンダリー・ドミナントの原則的なアヴェイラブル・ノート・スケール一覧

ディグリー	アヴェイラブル・ノート・スケール
VI7（V7／IIm）	ミクソリディアン♭13th、（オルタードも可）
VII7（V7／IIIm）	ハーモニック・マイナー P5↓
	オルタード
I7（V7／IV）	ミクソリディアン
II7（V7／V）	ミクソリディアン
III7（V7／VIm）	ハーモニック・マイナー P5↓
	ミクソリディアン♭13th、（オルタードも可）

🎼 例外的なアヴェイラブル・ノート・スケール

✓ VII7…B7（トニック・ディミニッシュとして使う場合）

VII7をトニック・ディミニッシュとして使用する場合は、「Cdimのサウンド」（Key in Cの場合）になるように「**ハーモニック・メジャー・スケール・パーフェクト5thビロウ**」というスケールを使うこともできます。

「ハーモニック・メジャー？」と思われた方も多いと思いますが、それもそのはずで、日本で書かれた理論書ではほとんど掲載されていないスケールです。

アメリカのジャズ教育機関として著名な「バークリー音楽大学」では学ぶようですし、ATN社等の輸入物の理論書に辛うじて載っているスケールなのです。

これは、メジャー・スケールとハーモニック・マイナー・スケールを「**ミックス**」したスケールなのですが、非常に特殊な用法と言えるでしょう。【譜例32】をご覧になって分かるように、メジャー・スケールの「**第6音をフラット（♭）**」したスケールで、次のようになっています。

・前半は「メジャー・スケール」
・後半は「ハーモニック・マイナー・スケール」

【譜例32】C ハーモニック・メジャー・スケール

第6音がメジャー・スケールと比べて半音下がっている

このスケールを「B7」に適用してみましょう。使用できるスケールは「**ハーモニック・メジャー・スケール・パーフェクト5thビロウ**」です。まずは、P5thビロウが付かないハーモニック・メジャーを確認します。

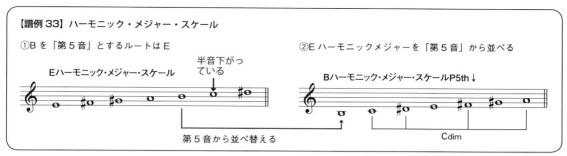

ド（C音）がナチュラル（♮）になったので、Cdim（ド、ミ♭、ソ♭、シ♭♭）を作れるようになりました。「F♯m7(♭5)－B7」の場合の「F♯m7(♭5)の♭5th」であるド（C音）からもスムーズに適合します。

✓ II7…D7（トニック・ディミニッシュとして使う場合）

こちらは意外によく使われるスケールですが、少し「ひねり」が利いています。トニック・ディミニッシュを**「4つのドミナント7thコードに変換できる」**ということを学んだのを覚えていますか？

「Cdim＝B7、D7、F7、A♭7」でしたね。

この中で、最も使われる「B7」をツー・ファイヴに分割すると「F♯m7(♭5)－B7」になります。これをさらに変換すると、「Am6－D7」と似ていることに気付きます。本来は、Am7のところをAm6（F♯m7(♭5)）に読み替え、トニック・ディミニッシュ仲間であるD7に連結するというわけです。

このD7もミクソリディアン・スケールから考えてみましょう。

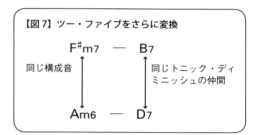

【図7】ツー・ファイブをさらに変換

まずAm6ですが、ここは素直にm6のアヴェイラブル・ノート・スケール、メロディック・マイナーを使います（Aメロディック・マイナー）。

次に問題のD7ですが、通常のツー・ファイブと違いソ♯（G♯音）がありますので、Dミクソリディアンのソ（G音）を半音上げます。このほうが音の流れに変化がなく、また、トニック・ディミニッシュとしてCdimを想定した場合、ソ♯（G♯音）はCdimのテンションになりますので、よりふさわしい音になります（dimコードのテンションについてはP.105参照）。このことから、ここでは**「リディアン♭7th」**を使います。

さらに、もっとトニック・ディミニッシュとしての響きが欲しい場合は、Dリディアン♭7thスケールの「ミ」をフラット（♭）させて「ミ♭」にし、「ファ」を足すと良いでしょう。そうすると**「Dコンビネーション・オブ・ディミニッシュ・スケール**（レ、ミ♭、ファ、ファ♯、ソ、ラ、シ、ド）」（P.105参照）になり、よりトニック・ディミニッシュを彷彿とさせる響きになります。

トライトーン・サブスティチューションのアヴェイラブル・ノート・スケール

メジャー・キーの通常のケーデンス「IIm7－V7－I△7（C：Dm－G7－C△7）」のG7を**トライトーン・サブスティチューション**（Tritone Substitution）に変えると「♭II7（D♭7）」になりますが、ここにはどんなスケールが当てはまるでしょうか？

これまで学んだ経験を活かしながら、皆さんも考えてみてください。「D♭ミクソリディアン」をできるだけ、Cメジャー・キーに合うようにするには…。

【譜例36】は、D♭7のコード・トーン以外を「Cメジャー・スケール」に適合するように変化させたものなのですが、残念ながら「スケール」としては非常にいびつな形になってしまいました。

出だしの「D♭－E」でいきなり増2度音程が形成されていますし、最後の「B－C♭」に至っては異名同音なので、同音連打になっています。

Cメジャー・キーに合わせる姿勢は大切なのですが、「**響き**」を崩してしまっては本末転倒です。「スケールの条件」を思い出してみてください。

●スケール（Scale・音階）条件
　①全音・半音の組み合わせで成り立つ（Use Of Half Step、Whole Step）
　②7音で構成される（7Tones）
　③半音が連続しない（No Consecutive Half Step）

…という訳で無理なく変えられる音（ソ♭）のみを変えると「**リディアン♭7th**」が結論となります。

また、リディアン♭7thは「**オルタードの裏側**」にあたるので、次のような公式が成り立ちます。

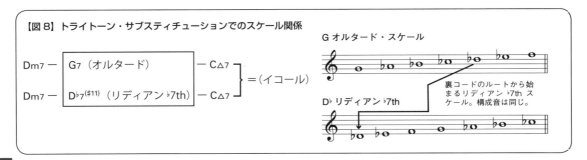

他の「トライトーン・サブスティチューション (Sub V7／○)」、「♭III7、IV7、♭V7、♭VI7、♭VII7」においても原則として、リディアン♭7thを使いますので、12Keyでこのスケールを覚えるようにしてください (All Tritone Substitution Takes「Lydian♭7th」)。

また、リディアン♭7thは「**アヴォイド・ノートが無い**」ので、アレンジやアドリブの際に「**可能性が広がる**」というのも、よく使われる理由の一つと言えるでしょう。

サブドミナント・マイナー (Subdominant Minor) のアヴェイラブル・ノート・スケール

メジャー・キーの曲において、同主調のマイナー・キーの「IVm7」、「♭VII7」を主に使いますが、これらはどのようにCメジャー・スケールに適合させればよいでしょうか。

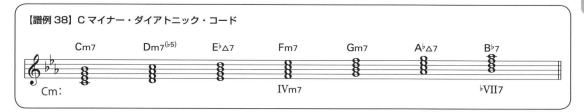

まず、Fm7に関してはCマイナー・キーの平行調であるE♭メジャー・キーのIIm7を借用してきたものと考えられますので、**ドリアン** (Fドリアン・スケール) を使用します。

次にB♭7ですが、Cメジャー・キーの中で使用するにはミ♭ (E♭音) をミ (E音) に変える必要があります。こうしてできあがったスケールは、やはり「**リディアン♭7th**」です。本当に、このスケールはあらゆるところで大活躍しますね。

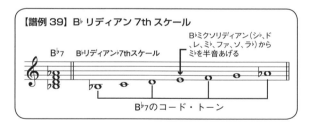

また、ここでもアタマを柔らかくして、敢えてB♭ミクソリディアン・スケールを使うという方法もあります。その場合は「ミ♭ (E♭音) ーミ (E音)」の動きができるので、次のコードでCメジャー・キーの世界へ戻ったときの「ショック」がより大きくなります。上手く使えば「オシャレ」になりますが、反対に「違和感」が強くなる場合もあるので必ず歌ったり演奏してみて、その場に合うかどうかを確かめてみましょう。

それでは、一覧表で復習してみましょう。

【図9】例外的なアヴェイラブル・ノート・スケール まとめ

ディグリー	アヴェイラブル・ノート・スケール
VII7 (トニック・ディミニッシュ)	・ハーモニック・メジャー P5↓
II7 (トニック・ディミニッシュ)	・リディアン♭7th、(コンディミ)
♭II7 (SubV7)	・リディアン♭7th
♭III7 (SubV7／IIm)	
IV7 (SubV7／IIIm)	
♭V7 (SubV7／IV)	
♭VI7 (SubV7／V)	
♭VII7 (SubV7／VIm)	
IVm7 (S.D.M)	・ドリアン
♭VII7 (S.D.M)	・リディアン♭7th
	(・ミクソリディアン)

スケール分析、まとめ

最後に、実際の楽曲を通じてアヴェイラブル・ノート・スケールを分析してみましょう。曲は2章で各コードの「度数分析」を行なった「There Will Never Be Another You」です。

まずはダイアトニック・コードのところは「ダイアトニック・スケールをそのまま当てはめていけば良い」ので、先に記入してしまいましょう。

© MORLEY MUSIC CO., INC.All Rights Reserved.
Print rights for Japan administered by Yamaha Music Entertainment Holdings, Inc.

✓ ダイアトニック・コード以外のアヴェイラブル・ノート・スケール

　13小節目のAm7は一応、一般的なエオリアンにしましたが、メロディに「ファ♯(F♯)」が入っているのを活かせば、ドリアンでも良いかもしれません。

【譜例40】Aドリアン（Key in GのIIm7と考える）

　次に、セカンダリー・ドミナントのスケールを考えていきます。学んだことを思い出しながら、ご自分でも考えてみてください。

- 4・12小節目の「E7」………「V7／VIm」なので「ハーモニック・マイナーP5↓」。
- 6・14小節目の「D7」……… ダブル・ドミナント「V7／V」ですので「ミクソリディアン」。
- 8小節目の「C7」…………「V7／IV」。ミクソリディアンです。
- 20小節目の「B7」…………「V7／IIIm」は「E7」と同様で「ハーモニック・マイナーP5↓」です。
- 22小節目の「A7」…………「V7／IIm」は通常は「ミクソリディアン♭13th」です。

　ここまでは順調でしたか？　もし、とても悩んだ方も気を落とさずにゆっくり復習してみてください。必ず分かりますよ。さて、残るは以下の3つです。

- 7小節目「Gm7（リレーテッドIIm7）」
- 10、18小節目「B♭7（サブドミナント・マイナー）」
- 21小節目「F7（トライトーン・サブスティチューション）」

・Gm7

　「リレーテッドIIm7」は基本的に、他のKeyから借りてきた「V7（ドミナント）」に付随しているIIm7なので、ドリアンでOKです。

・B♭7

　サブドミナント・マイナーのB♭7の場合は、Cメジャー・キーに適合させるために「リディアン♭7th」を使いましたね。また、メロディにも「♯11th」にあたる「ミ（E音）」が入っています。

・F7

　最後の「トライトーン・サブスティチューション（裏コード）」は、考えないでも出てくるようにしてください。そう、リディアン♭7thが正解です。

第3章 STEP3 ジャズ・フレーズの作り方

コード・トーンをフレーズに活かす

　さて、「どのコード」に「何のスケール」を使うのか？という分析ができただけでは、実際に「ジャズ・フレーズ」は作れません。ここでは実際にどのようにフレーズを作っていけばよいのか、少しだけヒントを提示しましょう。

　ジャズの歴史を見ていくとヴォーカル(歌手)は別として、元々はトランペットやサックス、クラリネットなどの管楽器が常に「主役」でした(ピアノやギターが主役になり得るようになったのは、意外に最近なのです)。つまり、「**単旋律(メロディ)**」のみで「ジャズっぽさ」を出さなくてはなりません。ピアノやギターのようにコードを鳴らすことは難しい訳ですから、「**フレージング(旋律の作り方)**」が非常に重要になる訳です。

　「ジャズ・フレーズ創作」の大きなポイントとしては、以下の2つが挙げられます。

・第1段階 … 「コード・トーン」を主体としたフレーズで、滑らかに繋げる
・第2段階 … 「装飾音」を使って「コード・トーン」を敢えてボカし、フレーズに「立体感」を出す

　もちろん、上級者になれば、さらに「敢えてずれた(アウトした)コードやスケール」を駆使してフレーズを作ったり、リズムを複雑化したり、演奏技術により音色を独特なものにしたりと、無限の可能性がある訳ですが、あくまでもそれは「**基礎の上**」に成り立っている訳です。

　それでは、実際に4小節のコード進行を使って段階を追ってフレーズを作ってみましょう。まずは完全に「コード・トーン」だけでアドリブ・フレーズを作ってみます【譜例1】。

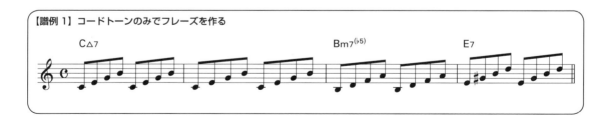

【譜例1】コードトーンのみでフレーズを作る

　少し極端過ぎましたが、この中には決して「理論的に間違った音」は一つも無いのです。しかし、これではジャズには聴こえませんね。おそらく客席からコップや灰皿が飛んでくるか、「このプレイヤーは何て度胸があるのだろう」と違う意味で感心されるでしょう。

　では、どうすれば良いのでしょうか？

✅ リズム、コード同士の繋ぎ目の工夫

・リズムの工夫

初心者が犯しがちな誤りとして、必ず「**ルート（根音）からフレーズを考えてしまう**」ということが挙げられます。また、「**音符で空間をすき間なく埋め尽くしてしまう**」というのもよく見受けられるケースです。

「転回形」を考えたり「間」を取ったりすることは、最初はとても知恵と勇気が要るものなのですが、意識的にやらなくては進歩がありません。

次に、「コード・トーンだけを使う」というルールはそのままで、もう少し変化を付けてみましょう【譜例2】。

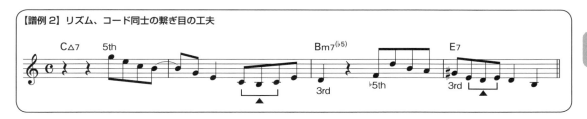

「いきなり難しくなりすぎでしょう！」と思われた方もいらっしゃるかもしれませんが、よくよく見てみるとこれらは全て「コード・トーン」のみしか使っていないのです。音符の種類も8分音符を基本として、少しだけ4分音符を混ぜただけです（一部、シンコペーションも使っていますが…）。

▲の箇所は「スケール」を使っているようにも見えますが、「**Rootと7thが2度の関係**」であることを活かした、あくまでも「コード・トーン」のみのフレーズなのも確認してください。

・コード同士の繋ぎ目の工夫

また、もう一つ注目して頂きたいのは「**コード同士の繋ぎ目**」です。

「C△7→Bm7(♭5)→E7」とコードが変化する箇所では、必ず「**3rd**」でフレーズが始まっていますね。ジャズのコードは基本が「4和音（7thコード）」なので、「**3rd**（または**7th**）」を強調するようなフレーズを作ればコード感がしっかりと出せます。

もちろん、これは絶対的なものではなく「Root（根音）」や「5th」、「それ以外の音」から始まるフレージングはいくらでもありますが、一つの「**原則**」として覚えておいてください。例えば、

・Rootで始まるフレーズは少し「**野暮ったい（格好悪い）**」反面、どっしりとした力強さがある
・5thの場合は「**コード感**」がぼやけるが、それがオシャレだったりもする

さらに上記の譜例の場合は、Bm7(♭5)という5thがフラットされて「**特徴的な音**」になっているので、敢えて5thを強調してみてもよいでしょう。

アヴェイラブル・ノート・スケールを使ってみる

さて、せっかくスケールについて学んできましたので、もう少し複雑なフレーズ作りに挑戦してみましょう。まずは、スケールをそのまま当てはめたフレーズを考えてみましょう【譜例3】。

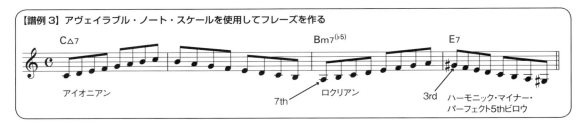

【譜例3】アヴェイラブル・ノート・スケールを使用してフレーズを作る

先ほどの「単なるコード分散フレーズ」と比較すると、だいぶジャズ・フレーズらしくなってはきましたが、やはりまだ、「練習曲」のように聴こえてしまいますね。このフレーズの場合は各コード間の連結部分は「7th－3rd」で滑らかに繋がっているので、良い部分は活かしたまま、もう少し「間」を入れてみましょう【譜例4】。

【譜例4】アヴェイラブル・ノート・スケール、リズムの工夫

いかがでしょうか？ 音を削っただけで、フレーズに「メリハリ」が付いたのがお分かり頂けたでしょう。「1小節～3小節の1拍目」まではしっかりそれぞれの「拍頭」にコード・トーンが配置されているので、コード感もバッチリ出せています。

3小節目のフレーズでは「シ（B音）」から「ファ（F音）」への「上行の減5度進行」が見られ、メロディとしてはやや不自然な動きともいえますが、「1拍半の隙間（休符）」があり、一度流れが遮断される為、「ファ（F音）から始まる新たなフレーズ」として聴こえてくるので、そこまで不快には感じません。

✓ エンクロージャー（Enclosure）

3小節目のBm7(♭5)の4拍目から4小節のE7のアタマの「ソ♯（G♯音）」への流れは、ジャズ・フレーズでよく使われる「**エンクロージャー〈Enclosure〉（取り囲むものという意味）**」という手法で、「ソ♯（G♯音）」を「**ターゲット（目標の音）**」にして、下上（または上下）から「**挟み込む**」ようにしています。

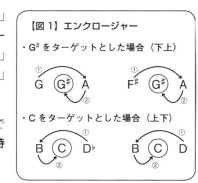

【図1】エンクロージャー

4小節の「ソ♯（G♯音）－ファ（F音）」も増2度という、メロディックではない音程なのですが、これはハーモニック・マイナー・スケールの「**特徴的な動き**」であるため、この場合は全く問題がありません。

最後の「ド（C音）－シ（B音）」はコード・トーンが裏に来ていますが、「ド（C音）はE7の「♭13th」のテンションなので、「シ（B音）」を導く倚音か、それまでの流れから「経過音」のようにも聴こえ、自然に繋がっています。

このように、単にスケールを並べるだけでも少し工夫をすれば、よいフレージングが可能になるのです。

✅ スケールからフレーズを作る際のポイント

コツとしては、次の2点が挙げられるでしょう。

- できるだけ、「拍頭（1、2、3、4拍目のアタマ）」にはコード・トーンを配置する
- そうでない場合は、先ほどの「エンクロージャー」のように「意味のある」装飾をする

勘の鋭い方はもうお気付きかもしれませんが、ジャズ・フレーズ作りには「**逆算の発想**」が必要になってくるのです。「**ターゲットとなるコード・トーン**」を定め、そこまで「**何歩**」で進めば、うまく着地できるのかを考えながらフレーズを考える習慣をつけましょう。

🎼 ターゲッティングとディレイド・リゾルヴ（Targeting & Delayed Resolve）

これまでにも述べてきましたが、「ターゲット（目標の音・コード・トーン）」にどのように辿り着けばよいのかを具体的な例を挙げながら見ていきましょう。

例えば、分かりやすくC△7で考えてみます。コード・トーンは「ド、ミ、ソ、シ（C、E、G、B）」で、さらにこの中で重要な音は「**3rd**」のミ（E音）と「**メジャー7th**」のシ（B音）ですね。

ここではミ（E音）をターゲットとしてフレーズを作ってみます。まずは、素直にスケールに従って考えていくと【譜例5】のようなフレーズが思い浮かびます。

【譜例5】に少し「ひねり」を加えてみると次の【譜例6】になります。

このように、先ほどの【譜例4】に出てきた「Bm7(♭5) − E7」の時の繋ぎ目で行なった、上下から挟み込むこと（エンクロージャー）も可能です。これを活かして一つエクササイズを作ってみましょう【譜例7】。

それぞれ、偶数拍にコード・トーンを配置し、aは「**上→下**」へ、bは「**下→上**」へコード・トーンにアプローチをしているのを確認してください。

さらに、上からも下からも「**半音**」でアプローチすると「**ダブル・クロマチック**」による「**エンクロージャー**」となり、変化音を伴いますが以下のようになります。

　譜面で見るとだいぶ複雑ですが、理屈が分かってしまえば練習できそうな気がしませんか？　これを「メジャー7thコード」だけではなく「マイナー7th」や「ドミナント7th」のコードにも適用してみたり、さらに12のキー（Key）で練習すると効果的です。

　ただし、実際に音を出してみると分かるのですが、全てを「ダブル・クロマチック」にしてしまうと全体的にフレーズの「歪（ゆが）み」が大きくなる傾向があるので、自分なりにルールを決めてもう少し素直なフレーズに修正することもできます。

　その一例として「ターゲット・ノート」に対して、「**上からはダイアトニック、下からはクロマチック**」というようなルールを決めると【譜例9】になります。

　上からのアプローチ・ノートを変化させて、無理に全て「半音」にしないことによって、先ほどの【譜例8】よりもマイルドな響きのフレーズになりましたね。

　ちなみに、ターゲットのコード・トーンに「1歩」でもたどり付けるのに、わざわざ遠回りし、上下から挟み込むようにしてたどり着くことを「**ディレイド・リゾルヴ（遅らせた解決）**」とも呼び、【図1】のように「3歩」にすることも可能です。

【図2】ディレイド・リゾルヴ

・G♯をターゲットとした場合の
ディレイド・リゾルヴ（一例）

F♯　G　G♯　A

また、詳細は述べませんでしたが、半音階を2回続けてコード・トーン同士を「直行」で繋ぐ、「ダブル・クロマチック・アプローチ」という手法もあります。

✓ ジャズ・フレーズの作り方　まとめ

ここで、これまでの「ジャズ・フレーズ」創作のテクニックを少し整理してみましょう。

①コード・トーンのみでフレーズを作る
②スケールをそのまま並べる（経過音も含む）
③ダイアトニックなアプローチ・ノートを使いコード・トーンを導く
④クロマチック・アプローチを使用する（ダブル・クロマチック・アプローチを含む）
⑤エンクロージャー（ディレイド・リソルヴを含む）を使用する

この中のいくつかを使ったり、混ぜ合わせてフレーズを作るとだいぶ「ジャズ・フレーズ」に近付いていくはずです【譜例10】。

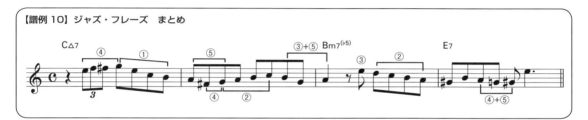

✓ 刺繍音と倚音

経過音以外にも意識的に「刺繍音」や「倚音」等の使用も可能です。

・刺繍音…必ず順次進行（ある音が2度上または下、音階の隣り合った音へ進行すること）で進み、元の音へ戻る

上記の譜例では、敢えてコード・トーンを「拍のアタマ」に持ってきましたが、実際のアドリブでは必ずしもコード・トーンを「**アタマ**」に持ってこなくても良いのです。

例えばP.98【譜例12】のような使い方もアリです

　この場合は、「ノン・コード・トーン」からアプローチすることになるので、それぞれの「拍頭」の音は「**倚音**」と解釈することもできます（「ド、シ、ド、シ（C－B－C－B）」と「シ、ド、シ、ド（B－C－B－C）」の部分に両方ともコードトーンなので例外です）。

　・倚音…コード・トーンに隣接した装飾音がいきなり現れるもの

　このように分析的にフレーズを見ていくと頭が痛くなってくるかもしれませんが、ただ漫然とフレーズを演奏したり、ジャズ・ジャイアント達のフレーズをコピーして丸暗記するだけではなく、それが「**どのようなアイディアに基づいて作られているのか**」を分析することはとても大切です。

　特に、ビ・バップ期を代表するジャズ・ミュージシャンである、C.パーカーやB.パウエルなどのフレーズも改めて研究してみると、これまで気付かなかった新たな発見がたくさんあることでしょう。

　実際のアドリブでは、今までに挙げたテクニックから逸脱したさらに複雑なアイディアや、本当にミス・トーン（間違い）では？　と思わせるものもたくさん出てきますが、それも含めて最終的には自分なりに消化していき「フレーズ」を形成していくことが「ジャズ・フレーズ創作」の醍醐味なのです。
　後は、ひたすら「練習」を重ねることにより、こういったアイディアを考えなくても瞬時に出てくるくらいまで徹底的に反復することが、最も大切なのは言うまでもありません。

（例題）
　これまでの知識を総動員して、次の「コード・トーン」にできるだけ小さいインターバル（音程）で「4歩目」にたどり着くには、どのような方法があるかを考えてみましょう（答えは何通りかあります）。

○ヒント
　・ターゲットまでが「長3度」の関係だと、半音階でそのまま繋げることが可能です。
　・ターゲットまでが「短3度」の関係だと一歩分が余るので、「遠回りの音（迂回する音）」が一音必要になります。
　・半音階で繋げられる場合でも、わざわざ迂回するというようなひねりを利かせた方法も可能です。

（解答はP.142に）

column テンション表記について

　日本の出版社が発行している譜面ではあまり見かけないのですが、輸入モノの譜面のコード・ネームではよく「C9」、「C13」など、7thの部分や下位のテンション表記が省略されているものがあります。

　これらは、本来はC7$^{13}_{(9)}$など「使用するテンション・ノート」を細かく表記するべきなのですが、なぜ書かれていないのでしょうか？　一つ挙げられる理由としては「**面倒くさいから**」です。

　…というのは冗談ですが、あながち「的外れ」でも無いようです。なぜなら、コード・ネームは原則として「現場主義」に基づいて表記されることが多いからです。ここでいう「現場」とはもちろん、「プロ・ミュージシャンの演奏の現場」のことです。

　昔は（今でも簡単なものは手書きの方が早い）、譜面を「手書き」で書いていましたから当然、できるだけ「シンプル」な方が効率的なわけです。それに、一流のミュージシャンともなれば、ただ単にCと書いてあったとしてもメロディや曲の雰囲気、前後関係でその場面に相応しい「テンション」を付けられるのが普通です。

　ただ、アレンジャーの立場から見ると「余計な音を乗っけて欲しくない」という「こだわり」もあります。クラシックの作曲家の譜面に勝手に「テンション」を付けたら怒られるように、ジャズでも「余計な響き」は必要無いというスタンスのアレンジャーも存在するはずです。また、市販の譜面で、テンション・ノートがしっかり書かれていないと、「この編曲者はコードが分かっていないのでは…」と疑われる可能性もあるのです。

　という訳で、どちらが正しくて、どちらがおかしいという次元の話ではなく、あくまで「**そのシーンにあった表記をする**」、また読む方も「**それを理解する姿勢**」が大切なのです。

【図4】ダイアトニック・テンションは表記されない場合がある

テンション ┬ ・ナチュラル・テンション（9、11、13）
　　　　　└ ・オルタード・テンション（♭9・♯9・♯11・♭13）
　　　　　※♭11＝M3rd、♯13＝7thと同じなので存在しません。

下記のような表記は可能です。
→Cメジャー・キー：G7 ＝ G7$^{13}_{(9)}$
→Cマイナー・キー：G7 または G7Alt. ＝ G7$^{\flat13}_{(\flat9)}$ etc.
※Cメジャー・キー：G7 ＝ G7$^{(\flat9)}$ とはならないので注意
　→スケールから連想できない音が入っている場合は、必ず書き込まなくてはいけません。

【譜例13】テンション表記の省略

第3章 STEP4 分数コード

　ジャズにおけるアドリブのフレーズ作りや、楽曲のハーモナイズ（編曲、アレンジ）の際に、自然に美しい「コード」や「和音、テンション」が思い浮かべられるようになれば、それがベストです。しかし、誰もがそうスラスラと優れたアイディアが湧く訳ではありませんし、才能がある人間でもスランプに陥る可能性があります。そんなときの解決手段として有効なのが、「**機械化**」や「**記号化**」です。

　芸術である音楽を「機械化」するなんて…という意見はご最もですが、有機野菜に人工的な調味料を振りかけてみると意外に美味しかったりするものです。
　また、人間（有機体）がアクセサリーを付けるのも一種の「記号化」とも言えます。例えば、ハートのアクセサリーを付けると何故か女性っぽく見えますね。

　この章では、正に「和音のアクセサリー」といえる「**アッパー・ストラクチャー・トライアド**（略してU.S.T.）」等の「**分数コード**」を紹介しましょう。

分数コードの種類

　分数コードは大きく分けて、次の2種類が有ります。

- 「和音（コード）」の上に「別の和音（主に三和音）」を乗せる「**アッパー・ストラクチャー・トライアド**（Upper Structure Triad）」、直訳すると「上部構造三和音」。

- 「単音のベース」に「和音（コード）」を乗せる「**ハイブリッド・コード**（Hybrid Chord）」または「**オン・コード**（On Chord）」です（理論書によって名称や定義が異なる場合もあるので、自分なりの理解で構いません。例：「スラッシュ・コード」等）。

　また、2つ目の分数コードは「転回形（inversion）」を表現する際にも使いますので、混同しないように気を付けてください。見分け方としては、「**分子（上）のコードに分母（下）の音が含まれている場合**」は、単なる転回形です。

　例：
　C△7/E　（第一転回形）　……Eは「C△7」に含まれています。
　C△7/G　（第二転回形）　……Gも同様です。
　C△7/B　（第三転回形）　……Bも同様です。

　分子のコードとは「**無関係な音が分母にあるコード**」がオン・コード、ハイブリッド・コードに該当します。

分数コードの2種類を本書では下記のように表記します。

【図1】分数コードの表記

① フラクション（Fraction）【横棒】

$$\frac{トライアド（三和音）}{コード}$$ → アッパー・ストラクチャー・トライアド（U.S.T）

② スラッシュ（Slash）【斜線】

Chord／Bass（単音） → オン・コード、ハイブリット・コード、転回形

アッパー・ストラクチャー・トライアド（Upper Structure Triad）

それでは早速、アッパー・ストラクチャー・トライアドの作り方を見ていきましょう。

最初に代表的なスケールである「メジャー・スケール」、「メロディック・マイナー・スケール」を書き出し、それぞれ「4和音」になるように音を重ねてください。これで、それぞれのダイアトニック・コードができますね。さらに、その上に「**3度ずつ**」音を重ねていって3和音を作ります。このやり方を仮に「**垂直積み上げ式**」と呼びます。

✓ メジャー・スケール上のアッパー・ストラクチャー・トライアド

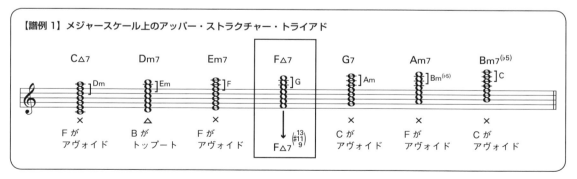

【譜例1】メジャースケール上のアッパー・ストラクチャー・トライアド

メジャー・スケールではF△7以外は「アヴォイド・ノート」に阻まれ、アッパー・ストラクチャー・トライアドが作れないことが分かりますね。Dm7は響きとしては悪くはないのですが、「シ（B音）」がトップ・ノートにあるので「△（三角）」とします（サブドミナント機能が弱まるため）。

次に、メロディック・マイナー・スケールはどうでしょうか。

✅ **メロディック・マイナー・スケール上のアッパー・ストラクチャー・トライアド**

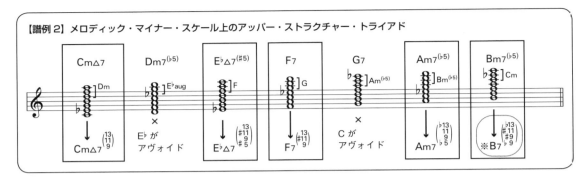

こちらは「アヴォイド・ノート」の数がグンと減るので、色々な可能性が見えてきました。「Dm7(♭5)」、「G7」以外は全てアッパー・ストラクチャー・トライアドを形成することができます。ちなみにVII度は「オルタード」なので「B7」として扱っています（P.77参照）。

「垂直積み上げ式」の場合、この他のスケールを使って「アッパー・ストラクチャー・トライアド」を探すことも可能です。例えば、I△7に敢えて「**リディアン・スケール**」を適用すれば、C△7の上に「D（D、F♯、A）」を乗せて「C△7(13 #11 9)」というU.S.Tを作ることができます。

✅ **ドミナント7thのアッパー・ストラクチャー・トライアド（メジャー）**

実はこれまでのアッパー・ストラクチャー・トライアドの探し方とは異なる発想のやり方があります。それは、次のような方法です。

・特定のコードに「メジャー・トライアド」、「マイナー・トライアド」を片っ端から乗せて試してみる

垂直積み上げ式では、まず「スケール」を考えてから、それぞれに和音を乗せていくという発想でしたが、こちらはもっと原始的です。アッパー・ストラクチャー・トライアドが最も効果的に響く「**ドミナント7thコード**」で、これを試してみましょう。

理論書によっては、アッパー・ストラクチャー・トライアドの定義をドミナント7thコードに限らず、「**ダイアトニック・コード上のノン・ダイアトニック・トライアド（三和音）**」としているケースもありますが、アッパー・ストラクチャー・トライアドと言えば「**ドミナント7thコード**」を真っ先に思い浮かべるのが一般的です。書き出すのが一苦労ですが、懲りずに付いて来てくださいね。ここでは分かりやすくCメジャー・キーのV7であるG7で試してみます。

【図2】ドミナント7thコードにメジャー・トライアドを乗せる

$$\frac{C、D♭、D、E♭、E、F、F♯、G、A♭、A、B♭、B}{G_7}$$

ドミナント7thコード上にアッパー・ストラクチャー・トライアドを作る上での条件としては、先程のメジャー・スケール、メロディック・マイナー・スケールと同様に、「**アヴォイド・ノートを含むもの**」をまず除外します。そして、それ以外にも2つ条件があります。

> 【図3】ドミナント7th上にアッパー・ストラクチャー・トライアドを作る条件
>
> ①アヴォイド・ノート(Avoid Note)を含まないこと(G7の場合はC)
>
> ②メジャー7th(Major7)の音は使えない(G7の場合はF♯)
>
> ③同じコードは意味が無いので使わない(G7の上にG)
>
> ※上部3和音には「aug」や「dim」はあまり使われません。

この条件をクリアできない音をどんどん消去していきます。

①アヴォイド・ノート(Avoid Note)を含まない … 含んでいる「C、F、A♭」は×
②メジャー7thの音は使えない……………… Gのメジャー7thファ♯(F♯)がある「D、F♯、B」は×
③同じコードは意味が無いので使わない…… そのまま「G」は×

という訳で、残った勇者たちは「D♭、E♭、E、A、B♭」の5名に絞り込まれました。

> 【図4】V7上で使えるメジャー・トライアド
>
> 　、D♭、　、E♭、E、　、　、　、A、B♭、
> ―――――――――――――――――――――
> 　　　　　　　　　G7

それぞれ、G7(V7)から見た度数と、「KeyのI度」から見た度数で覚えることも大切です。

【図5】アッパー・ストラクチャー・トライアドを度数で把握する

	V7から見た場合	Iから見た場合
D♭	♭Vは「裏コード」	♭II
E♭	♭VIなので、「長3度下」	♭III
E	VIなので、「短3度下」	III
A	II、お隣の「全音上」	VI
B♭	♭IIIは「短3度上」	♭VII

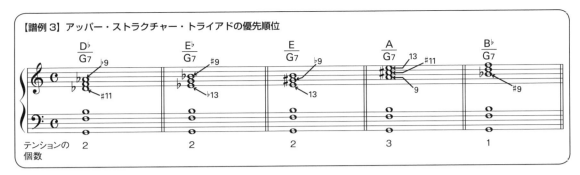

【譜例3】をご覧になって分かるとおり、それぞれ「テンション」の利き具合が異なります。やはりここでも「**優先順位**」があるのです。その差はまず、単純に「**テンションの個数**」。次が「**オルタード・テンションの個数**」です。

この段階で「B♭」は最下位になります。視覚的には分かりやすいのですが、敢えて「分数コード」で書かなくても、実はG7(♯9)という表記で充分だからです。では、各順位を見てみましょう。

1位　テンションの個数でトップの「A」
2位　「オルタード・テンションの個数」同着で「D♭、E♭」
3位　2つのテンションのうち、1つ「ナチュラル・テンション」を含む「E」
4位　「B♭」

さらに、これらの出身のスケールを探ってみると以下のようになることが分かります。

A………………………… G リディアン♭7th（C♯が入っている）
「D♭、E♭」……………… G オルタード（オルタードテンションが複数）

では残った、「E」と「B♭」は何でしょうか？

● **V7上では、たくさんのスケールが使える**
　実は皆さんにお詫びがあります。決して隠していた訳ではないのですが、「V7（ドミナント）上」には他にもたくさんのスケールが使えます。
　お気付きの方もいらしたでしょうが、既存の本には「ホール・トーン（Whole Tone）【全ての音が全音の間隔のスケール】」や「スパニッシュ・エイツ・ノート（Spanish 8Notes）」等が書いてありますし、既出のリディアン♭7th、オルタード、HmP5↓等も使えるのです。
　今回は敢えて、今までの本には無い学び方、まずは「メジャー・スケール」と「メロディック・マイナー・スケール」のみに焦点を当て、「大きな柱」にしてほしいという願いから紹介しませんでした。

　そろそろ皆さんもメジャー・スケールとメロディック・マイナー・スケールに馴染んできたでしょうから、他のスケールも少しづつ混ぜていきます。

　このEとB♭の出所は、日本では「**コンディミ（コンビネーション・オブ・ディミニッシュ〈Combination Of Diminish〉）**」と呼ばれているスケールです。「**半音－全音－半音－全音…**」という順で並んでいるこのスケールは、「**ドミナント7thコード**」で使われるスケールの一つです。

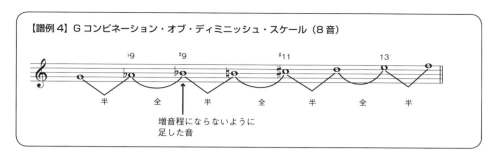

ただ、ディミニッシュ・コードで使われる「ディミニッシュ・スケール【譜例5】」も「全音と半音のコンビネーション」のスケールなので、本場のアメリカではこの呼称は使用されません。元々、どちらとも「ディミニッシュ・コード」を2つ合体させたスケール（Gdim＋A♭dim、Gdim＋Adim）なので、判別できるのは「**半音スタート**」か「**全音スタート**」かの違いだけだからです。

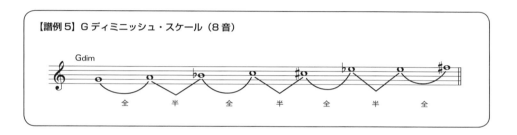

英語では前者コンディミを「**ハーフ・ホール・ディミニッシュ・スケール**」(Half－Whole Diminish Scale)（半音－全音…）、または**ドミナント・ディミニッシュ・スケール**(Dominant Diminish Scale)、後者のディミニッシュ・スケールを「**ホール・ハーフ・ディミニッシュ・スケール**」(Whole－Half Diminish Scale)（全音－半音）と呼び、区別します。

ちなみに、「○dim」というコードが出てきたら、「**ディミニッシュ・スケール**」を使ってください。全音上の音が、そのままテンションと同じように使えます。ディミニッシュ・スケールのテンションは、「**構成音の全音上**」と覚えると良いでしょう。

一気に色々なことが出てきましたが、まだ先があるので一息ついてから読んでください。そうです、G7の上には「**マイナー・トライアド**」も乗せられるのです。

✅ ドミナント7thのアッパー・ストラクチャー・トライアド（マイナー）

【図6】ドミナント7thコードにマイナー・トライアドを乗せる

$$\frac{\text{Cm、C}^\sharp\text{m、Dm、E}^\flat\text{m、Em、Fm、F}^\sharp\text{m、Gm、A}^\flat\text{m、Am、B}^\flat\text{m、Bm}}{\text{G}_7}$$

《「ドミナント7th」上のアッパー・ストラクチャー・トライアドの条件》
① アヴォイド・ノート（Avoid Note）を含まない ……G7のアヴォイドCを含んでいる「Cm、Fm、Am」は×
② メジャー7th（Major7）の音は使えない ……Gのメジャー7th「ファ♯（F♯）」がある「E♭m、F♯m、Bm」は×
③ 同じコードは意味が無いので使わない（G7の上にG）……「Em」はナチュラル・テンションが乗っかっただけなので×

という訳で、こちらの残った勇者たちは「C♯m、Gm、A♭m、B♭m」の4名でした。メジャーよりも「激戦区」ですね。

【図7】V7上で使えるマイナー・トライアド

$$\frac{\text{、C}^\sharp\text{m、、、、、、Gm、A}^\flat\text{m、、B}^\flat\text{m、}}{\text{G}_7}$$

同様に、それぞれ、G7（V7）から見た度数。「KeyのI度」から見た度数で覚えることも大切です。

【図8】アッパー・ストラクチャー・トライアドを度数で把握する。

	V7から見た場合	Iから見た場合
C♯m	♯IVは「裏コードのマイナー」	♯Im
Gm	Imなので、そのままマイナー	Vm
A♭m	♭IIなので、「半音上」	♭VIm
B♭m	♭IIIm、なので「短3度上」	♭VIIm

メジャー・トライアドのときと同様に、ここでも優先順位を調べてみましょう。順位が高いほど、より「アッパー・ストラクチャー・トライアド」として効果的な響きになります。

テンションの個数だと「C♯m」が頭一つ抜き出ていますね。次に、「オルタード・テンションの個数」ですが、こちらはA♭m、B♭mが同着です（C♯mも2つ有ります）。残ったGmは、先程のB♭と全く同じ理由ですが、敢えて「分数コード」で書かなくても、実はG7(♯9)という表記で充分です。

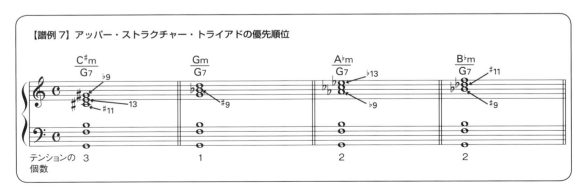

【譜例7】アッパー・ストラクチャー・トライアドの優先順位

1位　「テンションの個数」がトップ、「オルタード・テンション」も2つの「C♯m」
2位　「オルタード・テンションの個数」同着で「A♭m」、「B♭m」
3位　「Gm」

さあ、これらの出身のスケールを探ってみると、以下のようなことがわかります。

「C♯m」、「Gm」…………Gコンディミ（Alt.にはない13th「E」、5th「D」が入っている）
「A♭m」、「B♭m」…………Gオルタード（オルタード・テンションが複数）

次は、もう一つの分数コードである「ハイブリッド・コード」を見ていきましょう。

（アッパー・ストラクチャー・コードの有効な使い方はP.110に）

ハイブリッド・コード（Hybrid Chord）

「ハイブリッド車は低燃費！」等とテレビCMで流れていますが、元々ハイブリッドとは「異種交配」という意味です。「ガソリン」と「電気」という異種の燃料を組み合わせて走るから「ハイブリッド車」と呼ばれている訳です。

さて、コードにおける「ハイブリッド」の形に先程少しふれましたが、覚えていますか？

「単音のベースに和音（コード）を乗せる」というのが条件でした。かといって、例えば「D/C」のように、実はD7の「第三転回形」というようなものは除外してください（「異種交配」なのでBass音と関連性が低いものを選ぶ）。

こちらも地道に探っていきましょう。今回はベース（向かって右側）に「C」を配置し、上に「メジャー・トライアド」をどんどん乗っけていき、効果を検証してみます。今までに無い「新しい響き」を表現できそうなものを探すのです！

【図9】ハイブリッド・コードの検証1

- C／C …………　ただのCと同じ、全く意味がないですね。　　　×
- D♭／C　………　D♭△7の「第三転回形」です。　　　　　　　　×
- D／C …………　D7の「第三転回形」。　　　　　　　　　　　×
- E♭／C　………　Cm7と変わりません。　　　　　　　　　　　×
- E／C …………　一見面白そうですが、C△7($^{\sharp}5$)ですね。　　　×
- F／C …………　Fの「第二転回形」です。　　　　　　　　　　×

何と、前半は全滅…。気を取り直して進みましょう。

第3章　スケール、テンション編

【図10】 ハイブリット・コードの検証2
- F♯／C ……… 初の「ハイブリッド・コード」発見です。→ C7(♯11,♭9)(omit3rd) ○
- G／C ………… こちらも通常のコードにはないですね。→CΔ7(9)(omit3rd) ○
- A♭／C ……… A♭の第一転回形です。 ×
- A／C ………… 「C7(13,♭9)(omit7th)」、通常のコードネーム表記が厳しいです。
  7thですらありません。 ○
- B♭／C ……… C7sus4(9) ○
- B／C ………… トニック・ディミニッシュですね。Cdim ○

という訳で、後半はだいぶ収穫がありました。
　該当したのはベース（I）から見て、「♯IV」、「V」、「VI」、「♭VII」、「VII」を乗っけると効果的で現代的な響きがします。譜例を演奏して、響きも確認してくださいね。

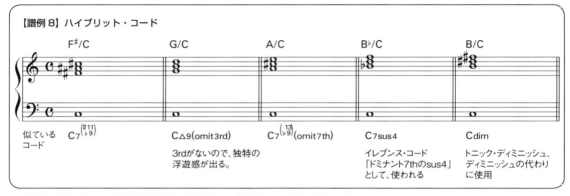

【譜例8】ハイブリット・コード

	F♯/C	G/C	A/C	B♭/C	B/C
似ているコード	C7(♯11,♭9)	CΔ9(omit3rd)	C7(13,♭9)(omit7th)	C7sus4	Cdim
		3rdがないので、独特の浮遊感が出る。		イレブンス・コード「ドミナント7thのsus4」として、使われる	トニック・ディミニッシュ、ディミニッシュの代わりに使用

上記のうちで、よく見掛けるのは「G/C」、「B♭/C」、「B/C」の3つです。

✓ イレブンス・コード（イレブンス＝sus4）

　こちらもハイブリッド・コードの一種ですが、「ドミナント7thのsus4」を表すために、よく右記のコードが使われることがあります。

【図11】
$$\frac{サブドミナント（IV）}{ドミナント（V）}$$

　例えば「Key in C」でG7（V7）を使うべきところで、「F/G」、「Dm7/G」といったコードを見掛けたことがあるはずです。
　Root（またはBass）はドミナントなのに、「**上のコードはサブドミナント**」という曖昧な性格が功を奏して、「オシャレなサウンド」を生み出しています（ポップスでも時々見かけますよ）。また、上部のサブドミナントを「**サブドミナント・マイナー**」に変えた形「Fm/G」、「Dm7(♭5)/G」もよく使われます。

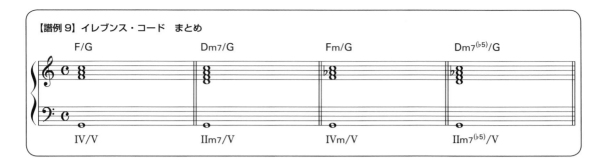

さて、「分数コード」は普段はあまり馴染みのない「コード・ネーム」ばかりだったと思いますが、これらはもう「スタンダード」になりかけています。

また、「複雑なテンション」が乗ったコード・ネームが出てきたときに、すぐに視覚的に分かりやすい「アッパー・ストラクチャー・トライアド」に変換できれば、とても重宝します。ご自分でも例題を作ってみて、慣れるように心がけてください。

（例題）次のコード・ネームを「分数コード」（U.S.T、またはハイブリッド・コード）に書き換えてください。

- Q1：G7$(^{13}_{\flat 9})$
- Q2：G7$(^{\sharp 11}_{\flat 9})^{13}$
- Q3：Cdim
- Q4：F7$(^{\sharp 11}_{9})^{13}$
- Q5：C△7$^{(9)}$(omit3rd)

（解答はP.142に）

この項で学んだことは保守的な立場からいえば、「現代的なサウンド」であると言えます。しかし、現在では、もうこのような響きさえも古びて飽きられ始められている側面があり、比較的新しいだけで人々の感動を呼ぶことは難しいというのが現実です。

オーソドックスなサウンドでも「素晴らしい音楽」はたくさん存在し、今でも変わらない魅力を放ち続けているのを見れば当たり前のことなのですが、あくまでも「**この音楽に必要だから**」、「**ここでその響きが欲しい**」から使うという姿勢が重要です。

アッパー・ストラクチャー・トライアド（U.S.T.）の活用方法

「アッパー・ストラクチャー・トライアドを習ったけれど、一体どこで使えばいいんだろう？」という方もいらっしゃると思います。

ここでは、最も簡単な使い方である「**3つのメジャー・コードを歌う**」という方法をお教えしましょう。

例えば、次の譜例を見てください。これは、テナーサックスの巨人、ジョン・コルトレーン（John Coltrane／米・1926-1967）の名盤「Ballads」の一曲目「Say It (Over and Over Again)」、作曲：ジミー・マクヒュー（Jimmy McHugh）の冒頭です。

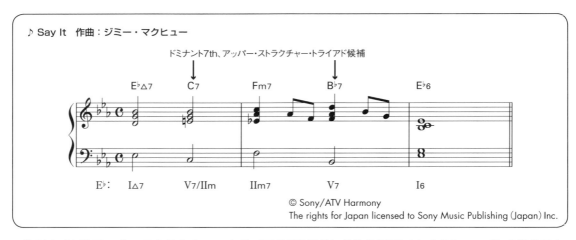

注目すべきはアッパー・ストラクチャー・トライアドが効果的に使える「**ドミナント7th・コード**」の部分です。

ここでは、まず1小節目のセカンダリー・ドミナントのC7が該当しますね。さらに、「**トップ・ノート**」を見ると「シ♭（B♭音）」であることが分かります。

✓ トップノートを含むメジャー・トライアド

ここからが本題なのですが、この「シ♭（B♭音）」を含む「**メジャー・トライアド**」を全部言えますか？　もう一つハードルを上げて、全部歌えますか？　トライアド（3和音）なので可能性は「**3つ**」のみ。つまり、コードの「**Root**」、「**3rd**」、「**5th**」です。

答えは「**B♭（Root）**」、「**G♭（3rd）**」、「**E♭（5th）**」の3つです。これを下記の譜例を見ながら（弾きながら）歌ってみましょう（例：「**シ♭、ソ、ミ（E♭）**」、「**シ♭、ファ、レ（B♭）**」、「**シ♭、ソ♭、レ♭（G♭）**」）。

【譜例10】トップノートからアッパー・ストラクチャー・トライアドを作る

この3つが何と「**アッパー・ストラクチャー・トライアドの候補**」にもなるのです。

トップ・ノート（ここではB♭）をRootとしたコードを「I度」とした場合は、「IV度（E♭）」、「♭VI度（G♭）」のコードということになりますね。

さて、これを先程の「Say It」の1小節の2拍目C7にはめ込んでみましょう。左手はベースのド（C音）だけを押さえ、右手でトライアドを演奏してみましょう。

・E♭

まず、E♭は実に平凡ですね。Cm7になってしまい、セカンダリー・ドミナントがただのVIm7に変わってしまいました。これは不採用です。お次は「B♭」です。

・B♭

こちらは「サウンド」としてはだいぶ「現代的」になりました。しかし、ファ（F音）を含むので、C7の3rdの「ミ（E音）」はぶつかってしまいドミナント7thとしては使えません。「ミ」を敢えて抜いて「sus4」のような響きで使うことは可能ですが、もう少し刺激が欲しい気がします。

・G♭

最後に残った「G♭」を弾いてみます。いやあ、何て「ゴージャス」な不協和音（いい意味で）でしょうか。こちらはテンションで見ると「♭9」と「♯11」を含んでいます（B♭は「7th」）。C7から見ると「裏コード」に当たる「トライアド」ですね。ひとまず、この部分はこれで行きましょう。

次に、2小節目の「B♭7」も同じ要領で試してみましょう。トップ・ノートが「レ（D音）」なので、作ることができる3つのトライアドは「G、B♭、D」ですね。ここは簡単で、B♭7にB♭を乗っけても意味が無いので、GかDが候補になります。DはB♭7のメジャー・セブンス「ラ（A音）」を持っているので、B♭7の7th、ラ♭（A♭）と衝突しますから使えません。という訳で、この部分の答えはGです。テンションは「♭9、13」（D音は3rd）が含まれています。

さあ、2つの「アッパー・ストラクチャ・トライアド」を使ってもう一度演奏してみましょう。

いかがでしょうか。だいぶ、サウンドが「先鋭化」しましたね。最後のトニックのところにも、おまけでハイブリッド・コードであるD/E♭（トニック・ディミニッシュ）を入れてみました。このトップ・ノートから「**3つのトライアドを歌う**」という練習もぜひ12の音で行なってください。それぞれに「3種類」しかないので慣れてしまえば、そう難しいことでもありません。

ちなみにコルトレーンの演奏では、ピアノの名手マッコイ・タイナー（McCoy Tyner／米・1938－）が素晴らしい「アッパー・ストラクチャー・トライアド・サウンド」で「華麗なグリッサンド」を聴かせてくれます。とても参考になりますので、是非聴いてみてください。

ワンランク上に挑む!
実践!本気で学べる
究極のジャズ理論

第4章

モーダル・ワールド編

第4章 STEP1 モードの種類

モードについて

　これまでの章でも既にドリアン (Dorian) やミクソリディアン (Mixolydian) 等、「モードの世界」で使われる言葉に触れてきましたが、これらはあくまでも「メジャー・キー」の中でのスケール・ネームとして、「便宜的」に使っていただけなのです。

　第3章のスケール&テンション編で「ドリアン・モード (Dorian Mode)」と「ドリアン・スケール」は使われる音は同じでも「別物」と書きましたが、この章ではその別物である「**モードの世界 (Modal World)**」についてお話をしていきたいと思います。

✓ モードをとりまく歴史

　西洋音楽の起源は古くは古代ギリシャ・ローマ時代まで遡れますが、現在も使われている「モード (教会旋法チャーチ・モード)」の始まりは7世紀頃、当時のローマ法王グレゴリウス1世が「聖歌 (讃美歌)」をまとめた所謂『グレゴリオ聖歌』が元になっていると云われています。
　当初は「**単旋律 (ユニゾン)**」で歌われていたものが、10世紀〜12世紀頃からメロディの「**完全4度または5度上 (下)**」の音を伴ったハーモニーで歌われるようになり、13世紀あたりからは複数のメロディが同時に歌われる「対位法」も現れ、音楽が複雑化しました。

　そこからさらに、中世・ルネッサンス期を通じて発展した「バロック音楽」(※)では、メロディの重なりの中で認識された「ハーモニーやコード」をいかに美しく連結するか、という方法が模索され、現代まで連なる「ドミナント→トニック」の「ケーデンス (終止形) の法則」が生まれました。
　※J.S.バッハ (独／ 1685 – 1750) を代表とする。

　私達が今も使っている「メジャー・スケール (原形はアイオニアン)」や「マイナー・スケール (原形はエオリアン)」は、その中で最も「ケーデンスの法則」が適用しやすかった為メイン・ストリームに乗りましたが、実際には淘汰されたスケール達がたくさんあったのです。

・再び注目を浴びた教会旋法
　転調が自由に行なえ、人間の感情を表現するのにも適した「調性音楽」でしたが、19世紀にはその便利さが仇となり、技術の優れた作曲家達による「頻繁な転調」や「調自体を否定する」動きが進み「**無調 (keyが無い) 音楽**」まで行き着きます。確かに、「明るい、暗い」だけではない「人間の複雑な感情」を表現するのに哲学的でさえある「無調の技法」は適していますが、難解過ぎて多くの聴衆の離反を招きました。

前置きが長くなりましたが、ここで再び脚光を浴びたのが「**その他のチャーチ・モード達**」です。19〜20世紀初頭に現れたフランスの作曲家C.ドビュッシー（仏／1862－1918）やM.ラヴェル（仏／1875－1937）は、古めかしいと捨て去られかけていた「チャーチ・モード」を「ケーデンスの法則（調性音楽）」と上手く融合させながら、音楽に新しい方向性を打ち出しました。皆さんにはこれから、「メジャーやマイナーの世界」とはまた異なった、どことなく「懐かしさ」さえ感じる「**モードの世界**」に触れて頂きたいと思います。

モーダル・ハーモニー（Modal Harmony）

コード・スケールについて述べた項と「同様の名前」ですが、モード・スケール（旋法）にも「7種類」のスケールがあります。

Ⅰ …… アイオニアン（Ionian）…モーダルな世界からは除外
Ⅱ …… ドリアン（Dorian）
Ⅲ … フリジアン（Phrygian）
Ⅳ … リディアン（Lydian）
Ⅴ …… ミクソリディアン（Mixolydian）
Ⅵ … エオリアン（Aeolian）
Ⅶ … ロクリアン（Locrian）…「ギリシャ旋法」に見られた名前、「教会旋法（モード）」からは除外

大きな違いはコード・スケールで「アヴォイド」とされていた音も、モードの世界では「**特性音（キャラクタリスティック・ノート（Characteristic Note）**」と呼ばれ、「**積極的に使われる点**」です。

また、この中で「アイオニアン（Ionian）」に関しては厳密にいうとメジャー・キーの世界とは異なるのですが、サウンドとして大きな差異が生み出しにくく、積極的に利用することがあまりありませんので除外します。
それに反して「エオリアン（Aeolian）」については「**導音**」を使用しないことにより、モーダルな使い方が可能です。

ロクリアン（Locrian）に関しては「トニック・コード」が安定性を欠く「m7$^{(\flat5)}$」の形態をしているため、トニック・コードを「B、D、E、A」等、トライ・トーンを含まない形に変化させて使えば成立しますが、ジャズでは使用例が少ないので除外します。

モード・スケールとその「特性音」に関しては、ミクソリディアン以外は「**コード・スケールのアヴォイド・ノートと同じ**」なので、ここでは早速ハーモニーの面から見ていきましょう。

✅ 「メジャー／マイナー・キー」との機能（Function）の違い

　モーダルな世界では「メジャー・マイナーの世界」と共通する部分もありますが、やはり和音の扱いには違いが見られます。まず、下記をざっと眺めてみてください。これまで聞いたこともないような「機能の名称」もあると思いますが、だんだんと慣れていけば感覚的にも掴めるようになります。また、モーダル・ハーモニーでは「3和音」と「4和音」で役割が変わってしまうことがあるのですが、本書では「4和音」を基準にお話を進めていきます。

【図1】メジャー／マイナーとモーダルな世界の比較

●メジャー／マイナーの世界
①トニック【T】（Tonic）
②ドミナント【D】（Dominant）
③サブドミナント【S】（Sub Dominant）

・代表的な進行　　T → D → T
　　　　　　　　　T → S → D → T
　　　　　　　　　T → S → T

～～～～～～～～～～～～～～～～～～～～～～～～～～～～

●モーダルな世界
①トニック・コード【T】（Tonic Chord）……………… モードの中心音「I度音」
②ケーデンス・コード【C】（Cadence Chord）……………… 特性音（キャラクタリスティック・ノート）を含む
③コンディショナル・ケーデンス・コード【C／C】（Conditional Cadence Chord）
　　ケーデンス・コードの中で「トーナル・センター（トニック・センターとは異なる）【※】」から数えて、1番目と5番目にあたる音が「7thコード」の場合

④アヴォイド・コード【A】（Avoid Chord）……………… ディミニッシュ、ハーフ・ディミニッシュコード
⑤機能を持たないコード【N】（No Function）　………… それ以外のコード（ただし、スケールの「V番目の音」
　　　　　　　　　　　　　　　　　　　　　　　　　　　の場合はケーデンス・コードのように使うことも多い）

※ここでのトーナル・センターとは、そのスケールのペアレント・スケール（元となるメジャー・スケールのI度の音）を指します。
　（DドリアンならCアイオニアンの「C音」がトーナル・センター）

代表的な進行：　　C → T
　　　　　　　　　C／C → C → T
　　　　　　　　　C／C → T
　　　　　　　　　C → C／C → T

　これから紹介する譜例は、すべて「Cアイオニアン」が基準になっていますので、こちらも必ず様々なキーで理解するようにしてください。

✅ ドリアン (Dorian)

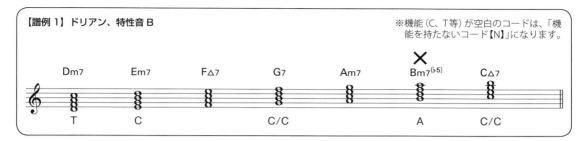

「観想・平安の旋法」等とも呼ばれ、平穏かつ静寂な「中世」のイメージです。ジャズに限らず、ポップスや映画・ゲーム音楽にも引っ張りだこのモードです。

私の師匠である坂田晃一先生の作品を始め、宮﨑駿監督の映画作品の音楽で著名な久石譲氏、名作ゲーム「ドラゴンクエスト」のすぎやまこういち氏、「ファイナル・ファンタジー」の植松伸夫氏の楽曲にも複数見られます。

・ソー・ホワット・コード

ジャズではマイルス・デイヴィスの「ソー・ホワット (So What)」という曲のDドリアンの中で、「Em7(11) – Dm7(11)」というコードをひたすら繰り返すのが聴こえます。「4度堆積を含んだ和音 (4th interval build)」を巧みに配して、独特の世界観を作り出しているのは特筆すべきです。また、「曲の途中でE♭ドリアンに変わる部分でも、そのまま移調して使っています（※）。

※モーダルな曲なので、コード・ネームは付けない場合もありますが、ここでは便宜的につけてあります【譜例2】。

ちなみにこの部分のヴォイシングは、「ソー・ホワット・コード (So What Chord)」というネーミングまでされています。

後ほど、モーダルなフレージング（メロディ作り）に関して触れますが、まずはよくあるケーデンスの形を覚えて楽器で演奏してみてください。

【図2】ドリアン・モード　コード進行例

●よくあるケーデンス例

①メジャー・マイナーの世界に近い進行（ただしV度はm7）
- Vm7→Im7 (Am7→Dm7)
- IV7→Vm7→Im7 (G7→Am7→Dm7)
- IIm7→Vm7→Im7 (Em7→Am7→Dm7)

②モーダルな進行（近い和音同士で平行的に動くものが多い）
- IV7→Im7 (G7→Dm7)
- ♭VII△7→Im7 (C△7→Dm7)
- IIm7→♭VII△7→Im7 (Em7→C△7→Dm7)
- ♭VII△7→IIm7→Im7 (C△7→Em7→Dm7)
- ♭III△7→IIm7→Im7 (F△7→Em7→Dm7)

☑ フリジアン（Phrygian）

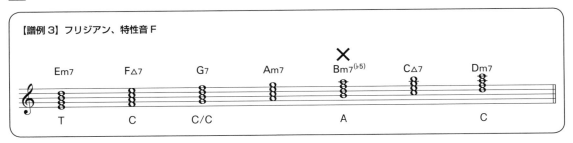

【譜例3】フリジアン、特性音F

「天地の間に浮かびながら停止する旋法」と言われる「甘美なモード」です。「♭II音」があるところが、「スパニッシュ・モード」にも似ており、情熱的な要素もあるように感じます。「フリジアン・コード」というフリジアンの魅力を「一和音」で表現したコードがあります。

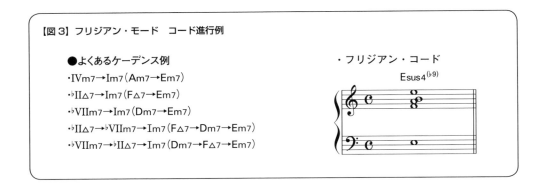

【図3】フリジアン・モード　コード進行例

●よくあるケーデンス例
- IVm7→Im7（Am7→Em7）
- ♭II△7→Im7（F△7→Em7）
- ♭VIIm7→Im7（Dm7→Em7）
- ♭II△7→♭VIIm7→Im7（F△7→Dm7→Em7）
- ♭VIIm7→♭II△7→Im7（Dm7→F△7→Em7）

・フリジアン・コード
Esus4(♭9)

☑ リディアン（Lydian）

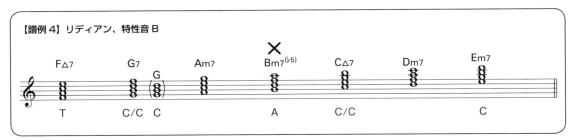

【譜例4】リディアン、特性音B

「清々しい爽快感がある」と言い伝えられる旋法です。

クラシックではベートーヴェン（独／1770－1827）の「弦楽四重奏曲15番」や、ロシアの作曲家、ムソルグスキー（露／1839-1881）が歌劇「ボリス・ゴドゥノフ」の中で使用したりしている例が見られますし、最近のゲーム音楽等でも時々耳にすることがあります。

この旋法の「第2音」であるGは、トライアドとして使うと「ケーデンス・コード」になるため解決感が強まります。

【図4】リディアン・モード　コード進行例

●よくあるケーデンス例
- V△7→I△7（C△7→F△7）
- II→I△7（G→F△7）
  　Gをトライアドにした方が「解決感」が強まる。
- VIIm7→I△7（Em7→F△7）
- II→VIIm7→I△7（G→Em7→F△7）
- VIIm7→II→I△7（Em7→G→F△7）

✓ ミクソリディアン（Mixolydian）

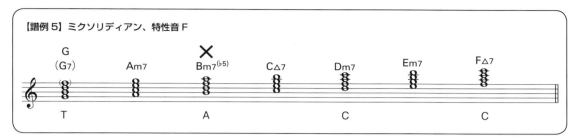

「超長旋法」と呼ばれる「明快な響き」の旋法です。

Ⅰ度（トニック・コード）が「ドミナント7th」コードになっているため、モーダルな音楽を作る場合は「**トライアド（三和音）**」にすることが多いです（上記の場合はG）。

ただし、意図的にトニックを「ドミナント7th」にして敢えて「**ブルースっぽさ**」を出すのも面白いかもしれません。

「G→C」という進行をしてしまうと「メジャー・キー」を想起させるので、避けたほうが良いでしょう。

【図5】ミクソリディアン・モード　コード進行例

●よくあるケーデンス例

- Vm7→I（Dm7→G）
    トニックを「トライアド」にすると「終止感」が強まる
- IV△7→I（C△7→G）
- IV△7→Vm7→I（C△7→Dm7→G）
- IIm7→I（Am7→G）
- IIm7→Vm7→I（Am7→Dm7→G）
- VIm7→♭VII△7→I（Em7→F△7→G）
- IIm7→♭VII△7→I（Am7→F△7→G）
- ♭VII△7→IIm7→I（F△7→Am7→G）

✓ エオリアン（Aeolian）

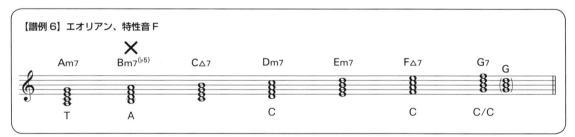

ナチュラル・マイナーと同じスケールですが、コード進行に工夫を凝らすと「**マイナーとは異なった世界観**」を表現できます。また、「G7－C△7」、「G7－Am7」という進行をしてしまうと「Cメジャー・キー」を想起させるので避けましょう。

特徴的なのは、Dm7またはF△7から「Am7」に解決する際の「**ファ（F音）→ミ（E音）**」の動きです。これだけでループが作れてしまうようなコード進行です。

【図6】エオリアン・モード　コード進行例

●よくあるケーデンス例

- Vm7→Im7（Em7→Am7）
- IVm7→Im7（Dm7→Am7）
- IVm7→Vm7→Im7（Dm7→Em7→Am7）
- ♭VII→Im7（G→Am7）
- ♭VI△7→Im7（F△7→Am7）

第4章　モーダル・ワールド編

モーダル・フレージング (Modal Phrasing)

さて、少し駆け足でモーダル・ハーモニーについて見てきましたが、コード進行の部分だけではまだモーダルな世界が「ピンと来ない」方も多いのではないでしょうか？

それもそのはずで、元々モーダルな世界は単旋律だったのですから、その「**メロディに本質的な特徴**」が隠されている可能性が大きいのです。

「これはモードの曲だよ」と言われている曲の「音源」を探し、何度も聴いているうちに「あっ、これがドリアンなのか」と分かるようになるのが一番理想的なのですが、巷(ちまた)には「メジャー」と「マイナー」の曲が溢れかえっていますので、なかなかそうもいきません。

しかし、私たちは小さい頃に歌った「わらべうた(※)」が何故か歌えるようになっています。あれも一つの「モード(日本の旋法)」でできているのですから、やはり「モード」をマスターするにはたくさんの曲を聴いたり演奏したりすることが、最も近道なのだとも言えます。

※「ひらいたひらいた」、「かごめかごめ」、「あんたがたどこさ」…etc.

ここでは、どうやったら「モードっぽいフレーズ」になるのかを「技術的」な側面に焦点を当てて解説していきます。最初は何だか訳が分からないかもしれませんが、譜例も交えて「**モードっぽく聴かせるコツ**」をお話していきますので、後はひたすら自分なりに歌うなり演奏するなりして体(耳)に染み込ませてください。それでは早速行きましょう！

✅ モーダル・フレージングのポイント

①中心音・軸音(Tonic Center)を強調する
- 中心音が「現れる回数」を多くする
- 中心音に「長い音価」を与える
- フレーズの最後が中心音で「終わる」ようにする
    ※中心音…Dドリアンなら「D」、Gミクソリディアンなら「G」のこと。

②モード(Mode)の特性を明確にする
- メジャー系(リディアン／ミクソリディアン)なのかマイナー系(ドリアン／フリジアン／エオリアン)かが分かるように「3rd」の音を早めに出す
- 「特性音(キャラクタリスティック・ノート)」を積極的に活用する
- 分散和音(アルペジオ)、トライ・トーン(増4度)を含む音程進行はなるべく避ける

③中心音・軸音(Tonic Center)へ向かうフレーズを安定させる
- 中心音へ「完全4度下」または「完全5度上」から向かう
- 中心音へ「長短2度上」または「長短2度下」から向かう

④フレージング
- 「順次進行」を中心に作る
- 「長・短2度」進んでから「完全4度または5度」進む（上行音型で「レ・ミ・ラ」、下行音型で「シ・ラ・ミ」等）
- 「完全4度または5度」進んでから「長・短2度」進む（上行音型で「ソ・レ・ミ」、下行音型で「レ・ラ・ソ」等）
- 「テンション・ノート」を強拍に持ってくる

それでは、いくつか譜例を見ながら解説していきましょう。

✅ モーダル・フレージングの実例

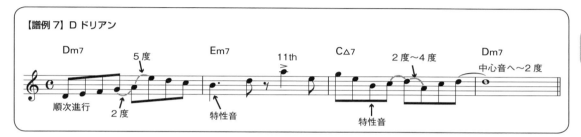

ドリアンでよく使われるケーデンスの中から一つを選び、フレーズを作成しました。どの小節にも中心音である「D」が登場しています。特性音のシ（B音）の使用は少なめですが、2小節目のアタマで「**長い音価**」で打ち出しているので、しっかりドリアンに聴こえます。

その他は前記、④「フレージング」のテクニックを織り交ぜているのを確認してください。

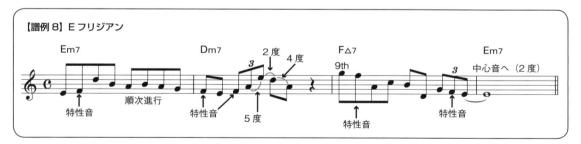

同様にフリジアンのケーデンス上でフレーズを作ります。

「スパニッシュ（スペイン風）」といわれてもなかなか難しいのですが、闘牛士、情熱等をイメージするのも一つの手です。アメリカの「マカロニ・ウェスタン（西部劇）」にもよく使われていました。

フリジアンの「ファ（♭2度音）」はとても個性的な音なので、中心音と絡めながら使うと良いでしょう。

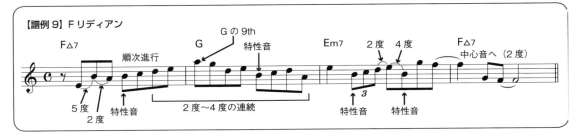

P.121の④のフレージングのテクニックを多用している例です。

リディアンはモーダルの世界の中でも「**最も明るい音**」がするので、メジャー・スケールにはない「**近未来**」へ向かっていくようなイメージが必要です。中心音へ回帰する際に「ミ（E音）－ファ（F音）」という動きを使い過ぎると「Fメジャー・キー」を想起させるので注意してください。

Gのコードをトライアドにしているのは「終止感」を強め、「**ケーデンス・コード**」にする為です。さらに、その部分で「**9thのテンション**」からフレーズをスタートさせることにより、モーダルな感じが強くなります。

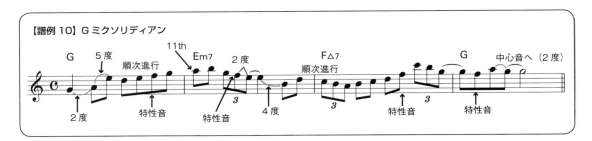

順次進行と3連符をモチーフにしたフレージングです。

ミクソリディアンは中心音「ソ（G音）」に対して、上からも下からも「**全音**」でのアプローチになるので、響きが「**開放的**」です。北欧の自然等を思い浮かべて作ると良いかもしれません。ちなみに、トニック・コードは「**トライアド**」に変えてあります。

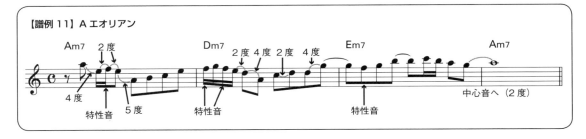

前半のリズムを少し「バロック風」にしてみました。バッハの音楽等を聴いていて分かる通り、「**16分音符**」が入るのでメカニカルな感じを与えるのが特徴です（試しにSwingせずに弾いてみてください）。

反対に、後半はシンコペーションを使って伸び伸びとした雰囲気が出るように心掛けました。「**導音が無い**」ので、素朴な古めかしい印象を与えるのがエオリアンの特徴です。映画音楽等、商業音楽の分野にも多用されているモードの一つです。

これまでの譜例では敢えて「音階以外の音」は使いませんでしたが、実際の創作やアドリブでは「**変化音（♯、♭が付いた音）**」や「**アプローチ・ノート**」が入ることはもちろんありますし、「一つのモード」にこだわることなく「**複数のモード**」が入れ替わったりすることも度々あります。

第4章 STEP2 モーダル・インターチェンジ（Modal Interchange、移旋）

モーダル・インターチェンジとは？

楽曲の中で、Key（調）が別のKeyに移ることを転調と言いますが、「**主音（トニック）**」は変えずに「**スケールの種類**」のみを変えることを「**モーダル・インターチェンジ（移旋）**」と呼びます。つまり、ダイアトニック前提となっていたスケールを「**他のモードやスケールに置き換える**」という意味です。

※理論書によっては「主音」に関係なく、「旋法」が変わるものは全て「モーダル・インターチェンジ」に含める（例えば、Cエオリアン→Fリディアンも「旋法の部分が」変わっている）ものもありますが、本書ではあくまで「主音」が同じものと定義しています。これを敢えて分析するとすれば「転調」+「移旋」ということになります。

（例） Cメジャー → Gメジャー　　これは転調です。
　　　 Cメジャー → Cマイナー　　主音は変わらず、スケールのみが変わっているので「移旋」です。
　　　 Cメジャー → Aマイナー　　使う音階は同じですが、主音が変わっているので転調です。

主音が同じ位置にあるので、転調ほど劇的な印象を与えないことが多いのですが、グラデーションのように音世界が微妙に変わっていくところにモーダル・インターチェンジの面白さがあります。

これは「メジャー→マイナー」に限らず、「ドリアン→リディアン」、「ミクソリディアン→メジャー（アイオニアン）」等も含まれるので、「**スケールの種類の数**」だけ組合せが考えられることになります（教会旋法のみで考えると、単純計算「7×6」で42種類）。

モーダル・インターチェンジの実用例

実用例などというと大げさですが、今までにお伝えしてきた中にも実は小さな「モーダル・インターチェンジ」があったのです。例えば、サブドミナント・マイナー・ケーデンスです。

✓ $IVm - {}^\flat VII_7 - I\triangle_7$

Cメジャー・キーの中で「$Fm_7 - B^\flat{}_7 \to C\triangle_7$」という進行がありましたが、この「$Fm_7 - B^\flat{}_7$」の部分は決して「E♭メジャー・キー」に転調はしていません。あくまで、Cナチュラル・マイナー・キーのIVm_7と$^\flat VII_7$を借用してきたと考えられるので、部分的ではありますがモーダル・インター・チェンジが起きています。

✓ I△7 − ♭II△7 − I△7

♭II△7（Key in CならD♭△7）はクラシックの和声学でいう**「ナポリの和音」**ですが、これも「モーダル・インターチェンジ」です。

さて、Cメジャー・キーから何へ変わったのでしょうか？

答えは、Cメジャー・キーから「Cフリジアン」に変わっています。ナチュラル・マイナーの2番目の音がフラットするのは、フリジアンでしたね。

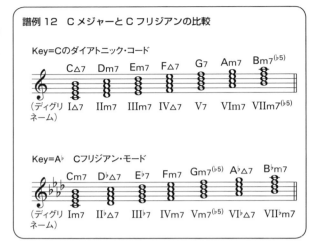

譜例12　CメジャーとCフリジアンの比較

通常、モーダル・インターチェンジは「転調」と同様に「4小節」、「8小節」など、ある程度の長さで続けることが必要ですが、「**部分的なモーダル・インターチェンジ**」は、アドリブの中でも使える技です。
例えば、「Cメジャー・キー」の「I度」（通常はアイオニアン）のところで、「**同じメジャー系のモードであるCリディアンを演奏してしまう**」というようなことも可能になる訳です。

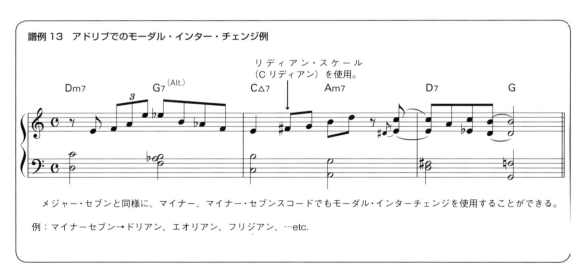

譜例13　アドリブでのモーダル・インター・チェンジ例

メジャー・セブンと同様に、マイナー、マイナー・セブンスコードでもモーダル・インターチェンジを使用することができる。
例：マイナーセブン→ドリアン、エオリアン、フリジアン、…etc.

▶第5章

番外編

　さて、本書もいよいよ佳境を迎えました。

　これまでに述べた内容を完璧にマスターしたなら大概のことは乗り切れるはずです。もしも、理解できていない部分がある方は前に戻って、じっくりと復習してみてください。

　ここからは、知らなくてもいいけれど知っておくと「ジャズがもっと面白くなる、もっと理解が深まる」という内容になっています。これまでのページも見返しながら、読み進めてみてください。

Practice! Ultimate jazz theory to learn in earnest

第5章 STEP 1 スペシャル・ファンクション・ドミナント (Special Function Dominant)

「V7」以外でドミナント機能を伴う「7thコード」

　ジャズに限った話ではないかもしれませんが、音楽語法のポイントは「I度（トニックTonic）に帰る方法」を何通り知っているかにかかっています。

　帰り道を一通りしか知らないよりは、複数の帰り道を知っている方が色々な景色が楽しめますし、災害のときのリスクヘッジにもなります（現実的な話ですが…）。

　これまでに習ってきた主な方法は次の4つでしたが、覚えているでしょうか？

【図1】I度に帰る方法
① V7　　　　　　　I
② Sub V7　　　　　 I
　 (♭II7)
③ ♭VII7　　→　　 I (Sub Dominant Minor Cadence)
④ VII7　　 →　　 I (Tonic Diminished Cadence)

　このうち、④のトニック・ディミニッシュ・ケーデンスは他にも「3種類」の可能性がありました。

　理由は下記の通り、dimは「**3種類の転回形**」を持つので、それぞれを「**ドミナント・コードに変換できる**」からです。イコールということは、これらも皆、「**Iに進むことができる**」のです。

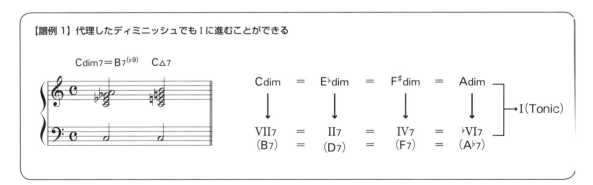

【譜例1】代理したディミニッシュでもIに進むことができる

例を挙げた中で、「①V7」と「②Sub V7 (♭II7)」以外の「ドミナント7th」は、本来はIに進む機能を持っていないので、「**スペシャル・ファンクション・ドミナント**（Special Function Dominant）」と呼びます。

すなわち、「♭VII7 (B♭7)、VII7 (B7)、II7 (D7)、IV7 (F7)、♭VI7 (A♭7)」は、新たに「ドミナント機能」を与えられた (With Dominant Function)「7thコード」と言うことができるのです。

これに、もう一つおまけで「III7 (E7)」も付け足します。

Iに進む例ではないのですが、「いつか王子様が (Someday My Prince Will Come)」の冒頭で「I－III7 (E7) －IV」という進行があります。
このIII7を「I度の5thが半音上がった」(Tonic Augment) と解釈すると「クリシェの動き」とも取れると、P.32 で述べましたが、クリシェは通常、ブーメランのようにまたIに戻って来ます (P.30参照)。

つまり、拡大解釈をすると、「C－Caug－C」＝「C－E7－C」ということが言える訳です。

Cに進める（回帰できる）ということは、E7にもCにおいての「ドミナント機能」があるとも言える訳なのです。

「何でもアリ」の様相を呈してきましたが、先程の「♭VII7 (B♭7)、VII7 (B7)、II7 (D7)、IV7 (F7)、♭VI7 (A♭7)」に加えて「III7 (E7)」も、正に特別枠でスペシャル・ファンクション・ドミナント（Special Function Dominant）の称号を与えましょう。

スペシャル・ファンクション・ドミナントには、もう一つの系列があります。それは、ブルース (Blues) です。

ブルース7th

こちらのセブンス・コードは一応ドミナント7thの格好はしていますが、「**ドミナント機能を伴わない**」(俺、別にドミナント機能なんかいらないし～) という「変わり種」です (Without Dominant Function)。Key in Cの場合は「I7、IV7、♭VI7」が該当します (このうち2人はさっきも居たような…)。これらを「**ブルース7th**」と呼びます。ブルースの場合、「トニック、ドミナント、サブドミナント」を全て「ドミナント7thコード」で表現しますね (P.45～参照)。

トニック→I7 (C7)、ドミナント→V7 (G7)、サブ・ドミナント→IV7 (F7)

この中でV7だけがドミナント機能を持ちますが、他の2つのコードも「ブルーノート (Blue Note)」の影響によってセブンス・コードになってしまうのです。

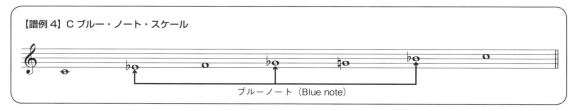

【譜例4】Cブルー・ノート・スケール
ブルーノート (Blue note)

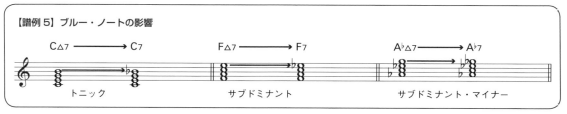

【譜例5】ブルー・ノートの影響
トニック / サブドミナント / サブドミナント・マイナー

つまり、ブルース上のトニックは「IΔ7→I7」、サブドミナントは「IVΔ7→IV7」になります。そして、もう一つ忘れてはならないのが、「**サブドミナント・マイナー** (S.D.M.)」です。

サブドミナント・マイナーの証であるラ♭ (A♭音) を持つコードで既出のFm7、B♭7以外のコードといえば「♭VIΔ7 (A♭Δ7)」です。実は、このA♭Δ7も「ブルーノートのG♭」の影響を受け、A♭7 (ドミナント7th化) になってしまうのです。

やや強引な気もしますが、過去の偉大なジャズマン達の「新しい響き」と「ブルース」の間に挟まれた「大きな苦悩や葛藤」が見えてくるようではないでしょうか…。この結果、「I7、IV7、♭VI7」は「ブルース7th (Blues7th)」としての「機能 (Function)」を持っていると言えるのです。

そして、「IV7、♭VI7」に関しては「トニック・ディミニッシュ仲間」(P.126参照) でしたね。ということは、先程のCdimの半音下の「7thコード達」も (=イコール) で結んでも差し支えないはずです。結論として、「IV7、♭VI7」=「VII7 (B7)、II7 (D7)」=おまけで「♭VII7 (B♭7)、III7 (E7)」の6つの7thコード (スペシャル・ファンクション・ドミナント) は、以下を兼ね備えているということになるのです。

①「ブルース7th」としての機能
②「セカンダリー・ドミナント」としての機能 (例えば「VII7」は「V7／IIIm」でもあります)
③「Sub V7 (トライトーン・サブスティチューション)」としての機能

頭がパンクしそうですね、少し休憩を入れましょう。

リハーモナイズ分析

　ここで、もう一度「スプリング・イズ・ヒア」で見た、ビル・エヴァンスの恐るべきリハーモナイズを研究してみましょう。

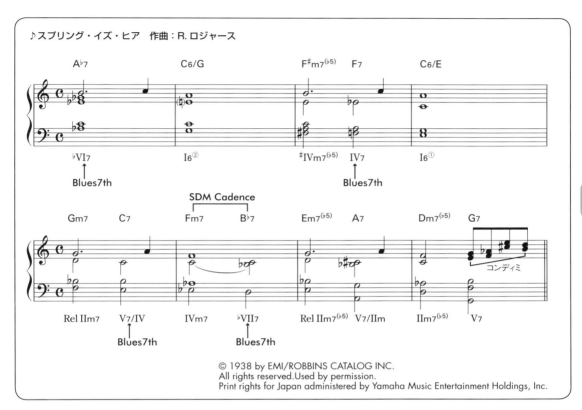

　冒頭の4小節はP.40で前掲しましたが、後半4小節も載せてみました（転回形の表記は省略しています）。
※後半のハーモナイズは単純化するために、少しアレンジしてあります（エヴァンスのヴォイシングとは異なります）。

　前半の見事な「トニック・ディミニッシュ・ケーデンス」やその分割（F♯m－F7）、左手のなだらかなヴォイシング等も見てきましたね。さらに、今回「スペシャル・ファンクション・ドミナント」を学んだことによって気付いたことは、いかに「ブルース（Blues）7thを取り入れているか」ということです。

- 1小節目：「A♭7」……… サブドミナント・マイナーのブルース 7th
- 3小節目：「F7」………… サブドミナントのブルース 7th
- 5小節目：「C7」………… トニックのブルース 7th
- 6小節目：「B♭7」……… サブドミナント・マイナーのブルース 7th

　ビル・エヴァンスがどのような意識で弾いていたのかは知る由もないですが、決していたずらに刺激を求めて「複雑化」していただけでなく（当たり前ですが）、いかに「西洋音楽の和声」と「ブルース」を融合させ、昇華させるかを悩み、追究し続けた結晶のような響きです。

　最後の8小節目では、「Gコンビネーション・オブ・ディミニッシュ・スケール（♭9、♯11、13thのテンションが使える）」を使ったフレーズを弾いているのも興味深いです。ブルー・ノート「E♭、G♭、B♭」を巧みにかわしています。

第5章 STEP2 ペンタトニック・スケール (Pentatonic Scale)

ペンタトニック・スケール

☑ **ペンタトニック・スケールとは？**

　調性（Tonality）やモード（Modality）に基づくコード・スケールやモード・スケールの使用にあたっては、調（Key）や機能（Function）についての「広範な知識」、「非常に繊細な感性」、「弛みない努力」が必要とされるものです。

　そして、その「複雑さ、難解さ」の故に解釈に戸惑うことがあったり、本来の音楽の持つ「表現の楽しさ」を忘れさせてしまう一因ともなってしまうこともしばしばあります。

　そんな中、「一筋の光明」が差し込むかのように現れたのが「**ペンタトニック・スケール**（Pentatonic Scale）」です。「ペンタ（Penta）」というのは、もちろん可愛いペンギンのキャラクターの名前ではありません。ペンタは、ギリシャ語で「**5**」という数字を表す言葉であり、「ペンタトニック・スケール」とは簡単に言ってしまえば「**5音スケール**」を意味します。何はともあれ、まずは現物を見てみましょう。

【譜例1】 Cメジャー・ペンタトニック・スケール

「一筋の光明なんて言うから期待していたのに…。」

　このように思われた方には申し訳なく思いますが、そうです、日本人には馴染み深いあの「**四・七抜き音階**（ドレミソラド）」のことです（※）。

※日本の民謡や演歌でも使われますが、実はスコットランド民謡とも関係が深く「蛍の光」等もこの音階できています。

　しかし、この大らかな音階は「**トライトーン（増4度）を持たない**」が故に、フレーズ作りにも自由度が増し、音楽に大きな「スペース（空間）」を与えてくれるのです。そういう意味では、ある種ブルー・ノート・スケールにも通じるところがあるかもしれません。

　使い方もブルー・ノート・スケールと同じで、基本は「**そのKeyのトニック（I度）のRoot**」を開始音にしたペンタトニック・スケールを、一曲を通して使用しても構いません（転調があれば、適宜変更します）。

　その他にも「平行短調」に移した「マイナー・ペンタトニック・スケール」もあり、「二六抜き（ラドレミソ）」の音階になっているのが分かります（譜例ではさらに同主短調のCマイナーも載せてあります）。

実際にアドリブをする際にはもちろん、このスケール一本で全曲を乗り切るのはきついものがありますが、一つのアイディアとして大いに活用することができます。

【譜例2】Aマイナー、Cマイナー・ペンタトニック・スケール

Aマイナー・ペンタトニック・スケール

Cマイナー・ペンタトニック・スケール

✓ インサイドとアウトサイド

ペンタトニックのうち「**一音だけ**」を変化させてオリジナルのペンタトニック・スケールを作ったり、敢えて「**他のKeyのトニック（Ⅰ度）のRoot**」を開始音にしたペンタトニック・スケールを演奏して、「**スケールアウト（Scale Out）**」させるテクニック等もあります。

その他、コード・チェンジの度に「**そのコードの主音を基にしたペンタトニック**」を目まぐるしく「**入れ替えていく**」等の手法もあり、アイディアには限りがありません。

次の例はほんの一例ですが、Cメジャー・キーの「Ⅱm7 − V7 − Ⅰ（Dm7 − G7 − C）」ケーデンスの中で、素直にCペンタトニック・スケールを使用したものと、「スケールアウト（Scale Out）」（他のKeyの響きを敢えてぶつける）したものを紹介しますので、比べてみてください（P.132〜）。

column オススメのジャズ理論書

ここでは、私がこれまでに読んでみて「参考になった」と感じた本をいくつかご紹介致します。

全てを挙げると膨大な数になるので、対象を「コードやハーモニー」、「スケール」について書かれた「理論書」に絞り、「演奏のテクニック」や「ビッグバンド等のアレンジ」について専門的に書かれた本は除いてあります。

◆ジャズに限らず「コードやスケール」の基礎をおさえたい方向け
・『ポピュラー音楽理論』　北川　祐・著（リットー・ミュージック）
・『標準 ポピュラー・コード理論』　林　知行・著（シンコー・ミュージック）

◆「ジャズ理論」を基本から応用までしっかり学びたい方向け
・『JAZZ THEORY WORKSHOP ／ JAZZ理論講座　初級編』、『中・上級編』　小山大宣・著（武蔵野音楽学院出版部）
・『サルでも分かる音楽理論 上巻』、『下巻』　津本幸司・著（シンコー・ミュージック）
・『コンテンポラリージャズピアノ①』、『②』　稲森康利、北條直彦・共著（中央アート出版社）

◆楽曲分析をしたい方、さらに高度な内容、近・現代の手法を学びたい方向け
・『ジャズ・スタンダード・セオリー』　納 浩一・著（リットー・ミュージック）
・『インプロヴィゼイションの理論と実践』　宮本大路・編著（サーベル社）
・『新主流派以降の現代ジャズ技法1』、『2』、『3』　北條直彦・著（中央アート出版社）
・『ザ・ジャズ・セオリー』　Mark Levine・著（ATN）

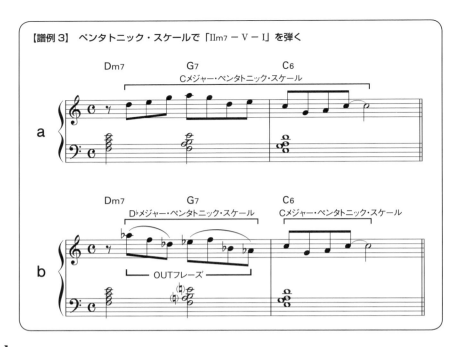

・譜例3【a】

　【a】の方は、Cメジャー・キーに忠実に「C、D、E、G、A」を使ってアドリブをしたパターンです。普通のスケールにはない「のどかさ」のようなものが感じられ、これはこれで良い響きがします。

・譜例3【b】

　【b】の方は前半部分でD♭ペンタトニック（半音上）（D♭、E♭、F、A♭、B♭）を、使ったのですが、ハーモニーと衝突していて「**不協和感、緊張感**」がある一方、C6へ解決したときの「**安定感**」がより強く感じられ、まるで「近未来」から「現代」に帰ってきたような気分になります。こういったものを「**アウト・サイドなフレーズ**」と呼びます。

　ここでは、左手の伴奏を敢えて「**そのまま**」にするところがポイントであり、「D♭キー」に近付けて伴奏も「Dm7(♭5) – G7Alt.」等に変えてしまうと音のクラッシュは減りますが、スケールアウトした意味が薄れます。一つの目安としては、次のようになります。

- 「キー（Key）やコード（Chord）、モード（Mode）」に対して、「共通音（テンションも含む）」が多ければ多いほど響きは安定して「インサイド（Inside）」なフレーズになる
- 「キー（Key）やコード（Chord）、モード（Mode）」に対して、「共通音（テンションも含む）」が少なければ少ないほど「アウトサイド（Outside）」なフレーズになる

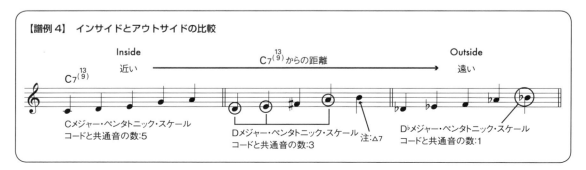

ただし、注意をして頂きたいのは「共通音の個数」だけでは測れない部分もあるという点です。

【譜例4】を見て分かる通り、Dペンタトニック・スケールはC7の「コード・トーン＋与えられたテンション（9th、13th）」との共通音は「D♭ペンタトニック・スケール」より多いのですが、肝心の「**ドミナント7thコードの機能を阻害するシ（B音）（メジャー7th）**」が入っています。よって、「共通音の個数」の割には、「**アウトサイドなフレーズになる可能性もある**」と言えます。

ジャズ・ジャイアント達の中では特にジョン・コルトレーン（T.Sax）が、ペンタトニックを積極的に用いた先駆者と言えますが、ピアニストのマッコイ・タイナー、ハービー・ハンコックやチック・コリア（Chick Corea／米・1941-）等もその技法をさらに発展させています。

✓ 使用スケールの選択

これまで様々なスケールを学んできましたが、特に「アドリブ」でのスケールの選択はプレイヤーの個性や解釈によって大きく異なります。例えば、以下の「Ⅰ － Ⅵm － Ⅱm7 － Ⅴ7」を見てみましょう。

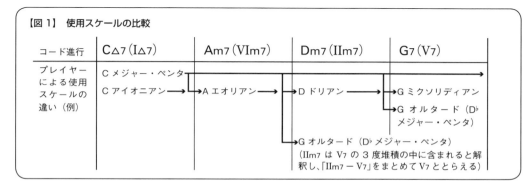

このように、「Ⅱm7 － Ⅴ7」をまとめてⅤ7としてとらえたり、Key CとしてCメジャー・ペンタで弾ききる、またはペンタトニックである程度弾いた後に途中でスケールを変更する等、いろいろ考えることができます。

そして、スケールの選択で特にポイントになるのが「**セブンス・コード**」です。セブンス・コードでは様々なスケールを使用することができますが、ここではオルタードとミクソリディアンを比較してみましょう。

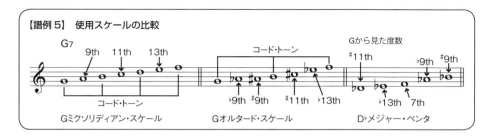

G7に対してミクソリディアンは、コード・トーンとナチュラル・テンションの「9th、11th、13th」になり、コードに対して素直にサウンドします。つまり「インサイドなフレーズ」を作りやすいですね。対してオルタード・スケールは、コード・トーンとオルタード・テンションになり、コード・トーンと半音でぶつかるなど、より「アウトサイドのフレーズ」を作りやすくなります。

最後に、実はD♭メジャー・ペンタの音はGオルタード・スケールの音に全て含まれます。結局は同じ構成音ですが、「**半音上のメジャー・ペンタ＝オルタード**」というように理解できると、オルタードのフレーズがいまいち上手く弾けない方にとっては気持ちがラクになりますし、オルタードのフレーズにマンネリを感じていた方にとっては、良いスパイスになるかと思います。

第5章 STEP 3 ビ・バップ・スケール (Be-Bop Scale)

「ビ・バップ・メジャー・スケール」と「ビ・バップ・ドミナント・スケール」

✓ ビ・バップ・メジャー・スケール

1人でコード（和音）が奏でられる、ピアニストやギタリストとは異なり、基本的にホーン奏者（トランペットやサックス等）はシングル・トーン（単音）しか演奏できません。それ故、「いかにフレージングでコード（和音）を表現するか」に苦心してきた歴史があります。特に、ビ・バップ期のミュージシャンはクラシックの「機能和声」を徹底的に解析し、いかに複雑化していくかを競うような部分もあったので、これは重要なことでした。

ところで、あるフレーズを聴いたときに人間の耳には「**強く聴こえる部分**」と「**そうでもない部分**」があります。「強く聴こえる部分」を「印象に残る部分」と言い換えることもできますが、それは「**拍のアタマ（拍頭）**」です
次の譜例をご覧ください【**譜例1**】。

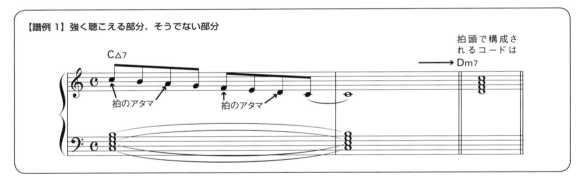

サウンドとしては決して悪くありませんが、人間の耳に残りやすい「拍頭」の部分を見ると「C、A、F、D」になっており、同時に鳴らすとDm7、またはF6に聴こえてしまいます。トニックの機能を持つC△7上でサブドミナントのDm7を吹くのですから、若干の「違和感」が感じられるとも言えます。

これを、「フレーズの流れ」は変えずにどのようにしたら自然に聴かせられるのでしょう…。

この問題に一つの解決策を見出したのが、作曲家で教育者としても著名なデビッド・ベイカー（David Baker ／米・1931-）です。

※実はこのスケール自体は、彼が提唱する前からルイ・アームストロング（Louis Armstrong ／米・1901－1971）等によっても演奏されていましたが、体系化されてはいませんでした。

彼は、このフレーズに「**半音の経過音（クロマチック・パッシング・トーン）**」を挿入するというアイディア（**7音スケールを8音にする**）を提唱しました。
これを「**ビ・バップ・メジャー・スケール**」と呼びます。具体的には次の譜例をご覧ください。

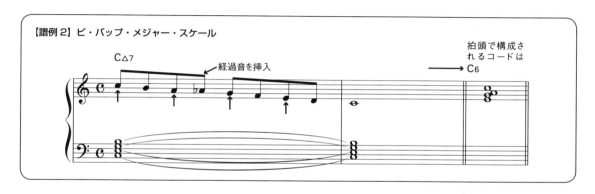

ちょうど、**6th（A音）**と**5th（G音）**の間に「A♭（G♯）」という「経過音」を挿入することによって、同時にフレーズの拍頭で構成されるコードが「C6」になったのが分かります。ちなみに、「**メロディック・マイナー・スケール**」でも同じ「**5th－6th間に半音**」を挿入することが可能です。

しかし、この半音の入れどころというのが問題で「**コードタイプが異なる**」と、また違った場所に半音を挿入する必要があるのです。それが「**ドミナント7thコード**」の場合です。

✓ ビ・バップ・ドミナント・スケール

ドミナント7thコードの場合の譜例を見てみましょう。

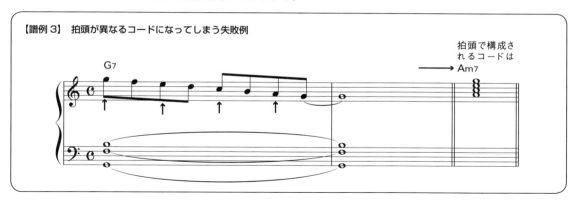

こちらも、「拍頭」の部分を見ると「G、E、C、A」になっており、同時に鳴らすとAm7、またはC6に聴こえてしまいます。これでは、ドミナントのG7上でトニックのAm7が目立ってしまうことになります。ド（C音）以外は「G、E、A」なので、それぞれG7の「Root、13th、9th」となり、意外に「合う」のですが、やはり、トニックのド（C音）が強く出てきてしまうのは問題があります。

先程のビ・バップ・メジャー・スケールと同様に「5thと13th（6th）」の間に半音を入れることも考えられますが、やってみると「G、（F）、E、（E♭）、D、（C）、B」になるので、結果はEm7です。

ん〜これよりも、もっと「しっくりくる方法」は無いのでしょうか？

それがP.136の【譜例4】です。

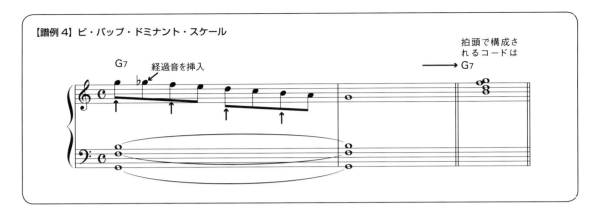

　ご覧の通り、入れるべきパッシング・ノートは「Root－7th」の間の「G♭(F#)」です。こうすることによって、見事に「G7の形」がくっきり浮き出るようになりました。

　実際の演奏では譜例のような「Root始まり」の「分かりやすいフレーズ」ばかり吹く（弾く）ことは少ないと思いますが、このビ・バップ・スケールを応用して合理的なフレーズを意識的に作り出すことができます。

　【譜例5】では、G7の5thであるレ（D音）から始まるフレーズを演奏していますが、ビ・バップ・ドミナント・スケールを、ちょうど**「歩幅を合わせるように」**上手く機能させています。

「6thディミニッシュ」について（6th Diminished）

　ビ・バップ・スケールと「**結果的には同じ効果を持つ**」のが、この「6thディミニッシュ」と呼ばれる手法です。簡単に言ってしまうと「**全てのコードは6th、またはディミニッシュコードへ還元される**」ということです。

　これは、アメリカのジャズ・ピアニストの重鎮で、教育分野においても活躍しているバリー・ハリス（Barry Harris／米・1929－）が提唱している「理論」であり、ここではその骨子となる部分についてのみ紹介します。

まず、オクターブを形成する「12個の半音」の中にできる2種類のホールトーン・スケールに着目します。2つのホールトーン・スケールは、それぞれに**3つずつのトライトーン**を持っています（a.～f.の計6つ）。このトライトーンをお互いに組み合わせると**3つのディミニッシュ・コード**ができあがります。

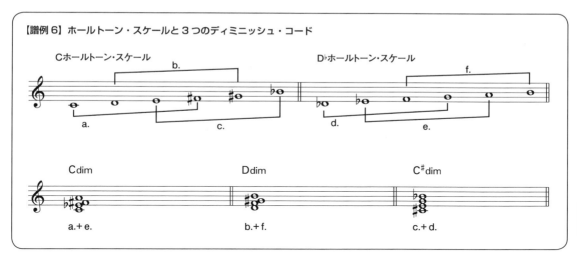

バリー・ハリス氏のアイディアはこの「3つのディミニッシュ・コード」から「全てのコードやスケールを導き出す」というものです。手順としては以下の通りです。

このディミニッシュ・コードの中で、例えばCdim（C、E♭、F♯、A）について見ていきましょう。

✓ ①根音（Root）」を半音下げることによって「ドミナント・セブンス」を形成する

例：根音（Root）「C→B」へ変更すると、CdimがB7へ変わる（P.33～トニック・ディミニッシュでもやりましたね）。

✓ ②コード・トーンの「下2つの音」を半音下げることによって「○m7」＝「○6」を形成する

例：根音「C→B」、3rd「E♭→D」へ変更すると、CdimがBm7に変わります。Bm7を転回すれば、D6になります。

✅ ③コード・トーンの「隣り合わない2つの音」を半音下げることによって「○7(♭5)」を形成する
　例：根音「C→B」へ、5th「F♯→F」へ変更すると、CdimがB7(♭5)へ変わります。

✅ ④コード・トーンの「下3つの音」を半音下げることによって「○m7(♭5)＝○m6」を形成する
　例：根音「C→B」へ、3rd「E♭→D」へ、そして5th「F♯→F」へ変更すると、CdimがBm7(♭5)に変わります。Bm7(♭5)は転回すると、Dm6です。

　この中で②と④についてバリー氏は、「○m7」をその転回型である「○6」、「○m7(♭5)」をその転回型である「○m6」として把握することを優先します（例：Dm7ではなくF6として認識する）。

　この作業の過程より①〜④は全てCdimとその半音下である「Bdimの一部」の「組み合わせ」から成り立っているともいえ、さらにディミニッシュ・コードの「短3度の堆積」という特性上、転回をしても性質は変わらないのでCdimの「C」以外の音である「E♭、F♯、A」に関しても同じことが言えます。

　この結果、CdimとBdimという2つのコードから、以下の「コードたち」が作られる、ということになります。

①B7、D7、F7、A♭7
②B6、D6、F6、A♭6
③B7(♭5)、D7(♭5)、F7(♭5)、A♭7(♭5)
④Bm6、Dm6、Fm6、A♭m6

　これら①〜④の4つずつのコードたちは、「コードタイプ」ごとにそれぞれ、**ファミリー・コード (Family Chord)** と呼ばれます。
　例：①「B7、D7、F7、A♭7」はファミリー・コード、②「B6、D6、F6、A♭6」もファミリー・コード

　さらに、まだ続きがあります。「CdimとBdim（＝Ddim）」からできたコードたちに、この項目（P.137）の最初に出てきた残りの「C♯dim」の音を組み合わせるという作業です。

✅ ⑤これらの「コードたち」にもう一つ残ったC♯dimを組み合わせ、「スケール」を導き出す

【譜例11】B7+C♯dim からできるスケール（Bミクソリディアン（♭13）・ビ・バップ・スケール）

　できあがったスケールをバリー氏は「B7ディミニッシュ・スケール（B7 Diminish Scale）」と呼んでいます。これは一般的に言うと、メロディック・マイナー・スケールから派生した「ミクソリディアン♭13th」のビ・バップ・スケールと考えられます。ここでは、「Root（B）－7th（A）の間」に「半音（A♯）」が入ることになり、先ほど紹介した「ビ・バップ・ドミナント・スケール」に近い形になりましたね。

　Bミクソリディアン♭13thを応用すると、「Bミクソリディアン♭13th」＝「Aリディアン♭7th」なので、リディアン♭7thのスケールの場合は、「A、（A♯）、B、C♯、D♯、E、F♯、G」ということになり、半音を「A音（根音）とB音（9th）の間」に挟めば良いことが分かります。

　他に、オルタードの場合は「A」と増4度関係の「D♯（E♭）」からスタートなので、「D♯、E、F♯、G、A、（A♯）、B、C♯」と、5番目と6番目である「♯11－♭13の間」に挟みます。

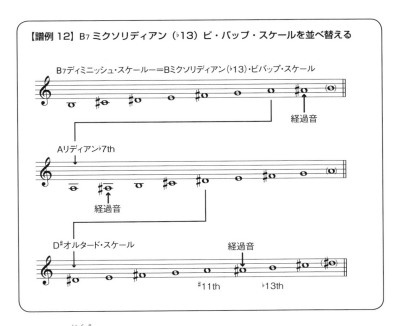

【譜例12】B7ミクソリディアン（♭13）ビ・バップ・スケールを並べ替える

　ん〜複雑ですね。頭の中で幾重にも変換作業が必要な感じです。まるで英語で書いてあるものをフランス語で考えて、中国語で話すかのような離れ業です。

最後に、もう少し分かりやすい「メジャー・スケール」系を選んでみましょう。P.138②のファミリー・コードの先頭に居る「B6」を見てみましょう。

「B6＋C♯dim」なので、【譜例13】のようになります。

こちらは、バリー式だと「B6ディミニッシュ・スケール」と呼びます。おおっ、P.134〜で学んだ「ビ・バップ・メジャー・スケール」と同じですね。「5thと6th」の間に「半音」が挟んであります。

ちなみに余談ですが、バリー・ハリス氏は「ビ・バップ・スケール」という呼称をあまり好んでいないようです（前述の三木俊雄先生・談）。残りの「③と④（P.138）」のファミリー・コードは以下のようになります。

③B7(♭5)のファミリー・コードは、ホール・トーンのビ・バップ・スケール（半音が2箇所入ります）
④Bm6のファミリー・コードは、メロディック・マイナーのビ・バップ・スケール

ここまでかなり遠回りしたように感じた人もいるかもしれませんが、このように「**拍のアタマ**」や「**経過音**」を意識することで、新たなフレージングが可能になってきます。

さらに、この理論はハーモニーにも応用していくのですが、本書では少しだけ紹介しておきましょう。

✓ 6thディミニッシュをハーモニーに応用する

まず、分かりやすく【譜例13】をB6からC6に移調してみると【譜例15】になります。

これを、スケールをもとにハーモナイズしてみましょう（ハーモナイズする際は、目立たせたい音をトップノートにします）。あくまでも、コード・トーンはC6（C、E、G、A）と「その転回形」と考え、隙間にDdim（D、F、G♯またはA♭、B）」と、その転回形を挟みこんでいく形になります。つまり、C6とDdimが交互に現れるという訳です。

　スタンダード曲のメロディなどを敢えて「一音一音」ハーモナイズする際などに使うと、とてもゴージャスな響きがします。ここでは、できるだけ「基本的なコード」を使ってメロディをハーモナイズした譜例を紹介します。また、このようにメロディを「1オクターブ下でダブリング」すると、より響きが豊かになります。

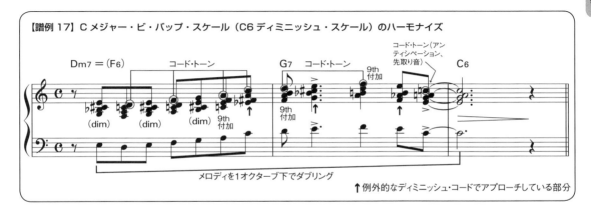

　もちろん、実際に皆さんがアレンジする場合は、ディミニッシュを使わずに、できるだけダイアトニックの音を中心に使うようにしたり、反対に、もっと刺激的なオルタード・テンションやクロマチック・アプローチを多用することも可能です。リハーモナイズを試みても良いでしょう。あくまでも一つの指針として捉えてみてはいかがでしょうか？

　さて、この「6thディミニッシュ理論」についての詳細は、バリー・ハリス氏のお弟子さんであった三上クニ氏・著の「ニューヨーク・スタイル　ジャズピアノ教本1・2」（全音楽譜出版社）や若干、ディミニッシュの入れ方や解釈に違いがあるものの、同じくバリー氏に直接の指導を受けたマーク・レヴィン（Mark Levine）著の「ジャズ・ピアニストのためのドロップ2ヴォイシングテクニック（ATN社）などがとても参考になるので是非、目を通してみてください。
　※ただし、書籍は刊行時期などにより「廃刊」になっていることがございますので、予めご了承ください。

　それにしても「美しい響き」や「フレーズを滑らかに繋げる」ためとはいえ、ここまで深く「音楽」を追求していく姿勢には、頭が下がります。
　※このバリー・ハリス氏の理論に関しては、尚美学園大学がバリー氏本人を招聘して定期的に行われていた「公開講座」の内容を参考にさせて頂いております。

➡ 例題の答え

● P.9の答え
- Q1　E♭
- Q2　F♯

● P.13の答え
- Q1　行き付く先は Am(7) なので「V7／II(m)」です。
- Q2　答えは「V7／V」(おじいちゃんですね) になります。「ダブル・ドミナント」と呼びましたね。

● P.28の答え
- Q1　B♭7 (Fm7)　Q2　A♭7 (E♭m7)　Q3　E♭7 (B♭m7)

● P.52の答え
- Q1～Q3　転調していない

● P.66の答え
- Q1　Dメジャー・スケール
- Q2　Dメジャー・スケール
- Q3　E♭メジャー・スケール
- Q4　Gメジャー・スケール
- Q5　E♭メジャー・スケール

● P.68の答え
- Q1　Dメロディック・マイナー・スケール
  Gが「IIm7－V7」のV7になる場合、「IIm7は何？」と考えます。単純にVを言われて「II」を答えれば良いという訳です。
- Q2　C♯メロディック・マイナー・スケール
- Q3　Fメロディック・マイナー・スケール
- Q4　Eメロディック・マイナー・スケール
- Q5　E♭メロディック・マイナー・スケール

● P.81の答え

C△7	Dm7	Em7	F△7
C アイオニアン	D ドリアン	E フリジアン	F リディアン

Dm7	G7	C△7	
D ドリアン	G ミクソリディアン	C アイオニアン	

● P.98の答え

● P.109の答え
- Q1　$\dfrac{E}{G7}$
- Q2　$\dfrac{C\sharp m}{G7}$
- Q3　B/C
- Q4　$\dfrac{G}{F7}$
- Q5　G/C

終わりに

　最後までお読み頂き、ありがとうございます。そして、本書の内容を全て理解できた方、おめでとうございます！　これであなたは、「ジャズの世界へのパスポート」を手に入れたことになります。

　ただし、これはまだほんの入り口に過ぎません。これからも長い旅は続きます。本書で学んだことを糧に、これからも飽くなき探求を続けてください。まだまだ、学ぶことはたくさんあるのです。

　当初、本書は「中級者から上級者への橋渡し」というコンセプトで書き進めて行きましたが、結果的にはかなり高度な内容も含んでいます。読んでみて一回で理解できなかった方も落胆せず、一歩ずつ時間をかけて読み進めていけば必ず理解できる日が来ます。なぜならば、書いている私ですら「あっ、こういうことだったのか」と目から鱗が落ちたことが何度もあったのですから。

　また、上級者の方にとっては、既に知っていることもたくさんあったことと思いますが、知っているつもりだったことの再確認や、理論的な裏付けがさらに強化されたことと思います。

　今回の執筆にあたっては、大学時代の恩師である三木俊雄先生の授業内容やレッスンに拠るところが大きく、それらが無ければここまで「ジャズ理論」を深く掘り下げられなかったと断言できます。そして執筆中も、ご多忙にも関わらず有益なアドバイスをくださり、励ましてくださった三木先生には心から感謝の念を捧げます。

　また、これまでの『対位法』や『オーケストラ・アレンジ』とは全く異なるジャンルである『ジャズ』に関しての理論書執筆に挑戦する機会を与えてくださった、自由現代社にも重ねてお礼を申し上げます。

　本書が「ジャズ（Jazz）」を愛する皆様のお役に立てることを祈っています。

彦坂　恭人（Yasuto Hikosaka）

◆著者プロフィール
作・編曲家／**彦坂 恭人**（Yasuto Hikosaka）

　愛知県豊明市生まれ。桐朋高校卒業、在学中に作曲を橋本忠に師事。高校卒業後、10年間様々な職業を経験しながら独学で作曲とピアノを学ぶ。28歳の時に退職し、尚美学園大学芸術情報学部音楽表現学科（作曲コース）へ進学。
　在学中、作曲を坂田晃一（「もしもピアノが弾けたなら」・連続テレビ小説「おしん」・大河ドラマ・「いのち」・「春日局」）と川島素晴、和声を愛澤伯友、ジャズセオリーを外山和彦、三木俊雄に師事する。また、同時期にジャズピアノにも興味を抱き、兵頭佐和子、南博に師事する。2012年に同大学を学費全額免除特待生として卒業。
　現在は、作・編曲活動の他に、作曲・ピアノレッスンも行なっている。ポップス、映像音楽（映画・ドラマ・ゲーム等）の作曲家やジャズ・ミュージシャンとの交流が深く、常に音楽の本質を捉えようとする姿勢は注目を集めている。2017年に開催された「東京ゲーム音楽ショー 2017」では菊田裕樹、伊藤翼とともに、「オレが考えたフィールド曲」公募企画ワークショップにもパネリストとして参加。

◎主な活動実績◎
・サントリーホール25周年記念特別事業パイプオルゴールファンファーレ《The Dawn Of Harmony》作曲
・プルメリアミュージックスクール講師（2014〜）
・宮公庁関連、民放ドラマ、コンシューマー・ゲームの音楽制作・協力の他、作・編曲作品多数。

◆主な楽曲提供作品（作曲）
・『わすれな草のメモリー〜 Forget me not 〜』林彦賓（2021）全日本こころの歌謡選手権大会・第3期課題曲。

◆受賞・表彰歴
・尚美学園大学音楽コンクール（作曲部門／第1位）
・第2回K作曲コンクール《Revoce/リヴォーチェ》（優秀賞）(2016)

◆編／著書（自由現代社・刊）
・コード＆メロディで理解する「実践！やさしく学べるポピュラー対位法」(2013)
・楽器の重ね方がイチからわかる「実践！やさしく学べるオーケストラ・アレンジ」(2014)
・「実践！作曲・アレンジに活かすためのポピュラー和声学」(2016)
・「実践！作曲・アレンジに活かすためのモード作曲法」(2017)
・モードからフーガまで「実践！しっかり学べる対位法」(2018)
・作曲、演奏に活かせる「実践！本気で学ぶ至高のジャズ・アレンジ法」(2019)

【著者による個人レッスン】（完全予約制）
○場所：指定スタジオレッスン（池袋／新宿三丁目）
○回数：1〜3程度／月（1回60分〜90分程度）※回数・頻度は相談可。
※レッスン内容
・音楽理論（楽典、ソルフェージュ、基礎〜応用まで）
・作・編曲（和声・コード理論、対位法、管弦楽法、ビッグバンド・アレンジ、DTM）
・ピアノ（ポピュラー・ジャズピアノ）
○初心者〜上級者（プロも含む）まで各自のレベルやご要望に合わせて進めて行きます。ピアノレッスンは「感覚だけに頼らない、上達に結びつくレッスン」をしております。
※詳細はメールにて、必ず「お名前／ご連絡先（電話番号・メールアドレス）を記載の上、お送り下さい。

【著者による作・編曲作品のご購入（ピアスコア）】https://store.piascore.com/search?c=953
【公式YouTubeチャンネル】https://www.youtube.com/user/yymusic728
【Mail】yasuto_hikosaka@yahoo.co.jp　【Twitter】@ yymusic

ワンランク上に挑む！ **実践！本気で学べる究極のジャズ理論**　定価（本体1600円＋税）

編著者	彦坂恭人（ひこさかやすと）
編集者	大塚信行
表紙デザイン	オングラフィクス
発行日	2015年2月28日　第1刷発行 2022年10月30日　第5刷発行
編集人	真崎利夫
発行人	竹村欣治
発売元	株式会社自由現代社 〒171-0033　東京都豊島区高田3-10-10-5F TEL03-5291-6221／FAX03-5291-2886 振替口座　00110-5-45925
ホームページ	http://www.j-gendai.co.jp

皆様へのお願い
楽譜や歌詞・音楽書などの出版物を権利者に無断で複製（コピー）することは、著作権の侵害（私的利用など特別な場合を除く）にあたり、著作権法により罰せられます。また、出版物からの不法なコピーが行なわれますと、出版社は正常な出版活動が困難となり、ついには皆様が必要とされるものも出版できなくなります。音楽出版社と日本音楽著作権協会（JASRAC）は、著作権の権利を守り、なおいっそう優れた作品の出版普及に全力をあげて努力してまいります。どうか不法コピーの防止に、皆様方のご協力をお願い申し上げます。

株式会社自由現代社
一般社団法人　日本音楽著作権協会
（JASRAC）

JASRACの承認に依り許諾証紙張付免除

JASRAC　出 1500949-205
（許諾番号の対象は、当該出版物中、当協会が許諾することのできる出版物に限られます。）

ISBN978-4-7982-2018-5

●本書で使用した楽曲は、内容・主旨に合わせたアレンジによって、原曲と異なる又は省略されている箇所がある場合がございます。予めご了承ください。
●無断転載、複製は固くお断りします。●万一、乱丁・落丁の際はお取り替え致します。